斎藤一人

ふわふわの法則

斎藤一人　柴村恵美子

けやき出版

一人さんの人生をかけて伝えたい言葉がある

斎藤一人

この本では、たったひと言の「ふわふわ」で、すべてがよき流れになるよっていう話をします。

「ふわふわ」と言った人には、信じられないような奇跡が起きる。

「ふわふわ」を信じる人には、想像もつかないほど明るい未来が待っている。

不思議な話だと思うかもしれませんが、確かに不思議な話です（笑）。

だから、不思議な話を楽しく信じられる人にだけわかってもらえたらいい。そう思っています。

ただね、これからの時代、「自分の場所」で輝くには、間違いなく「ふわふわ」が必要になるよ。そのことをいま、一人さんは人生をかけてでもみんなに伝えたいんだ。

【注記】

一人さんは自分を大切に思っていますので、自分のことを「一人さん」と呼びます。

また本書では、繰り返し「神様」の話が出てきますが、一人さんが言う神様とは、この宇宙をつくっている大きなエネルギーのことです。

はじめに

柴村恵美子

みなさん、感謝してます！
日本一の幸せ大富豪・斎藤一人さんの一番弟子、柴村恵美子です。

あなたはいま、悩んでいることがありますか？
あなたはいま、悲しみを抱えていますか？
あなたはいま、なにか我慢していますか？
あなたはいま、自分や周りに不満がありますか？
あなたはいま、心が重いですか？

ほんの少しでも当てはまる人は、この言葉を口に出してみてください。

「ふわふわ、ふわふわ、ふわふわ……」

その昔、ある夏の日に、一人さんや仲間たちとドライブ旅行をしている時のエピソードです。

とある分かれ道で、一人さんが言いました。

「恵美子さん、どっちの道へ行く?」

直観で、「楽しそう!」「こっちがキレイ!」と思ったほうを選びなって言うので、自分の勘頼みで「ここは右」「次は左」と思う通りに進んでもらったところ……。

な〜んと!!

パッと視界が開けたそこには、一面に見事な花が咲き乱れるひまわり畑!

これにはみんな、「きゃ〜〜〜!　ここは天国なの!?」って大はしゃぎ(笑)。

もちろん、私もみんなもまったく知らない場所です。ひたすら私の勘だけで進んだ結果、偶然たどり着いたところなのですが、後にも先にもあんなに素晴らしいひまわり畑は見たことがありません。本当に、天国かと錯覚するような光景でした。

その時、一人さんが言ったんです。

「この景色と同じでさ、人生も〝楽しい〟〝こっちが好き〟という魂の声に従って生きると、思いもよらない最高の未来が待っているものだよ」

鮮やかな黄色の世界で、なんとも形容しがたいふわ～っとした心地よさに包まれながら、一人さんの言葉は私の胸に深く染み入りました。

時は流れ、最近になって、久しぶりにあの時のひまわり畑を思い出しました。

軽やかでふんわりあったかいのに、心が弾むワクワク感……そんな、安らぎと高揚感の入り混じった不思議な「ふわふわ感」が、タイムスリップしたようにありありとよみがえってきたのです。

記憶の引き出しを開けたのは、一人さんの「これからの時代は〝ふわふわ〟だよ」という言葉でした。

いま思えば、私はあのひまわり畑にたどり着くために、自分でも気づかないうちに「ふわふわ」を体現していたのでしょう。

当時はまだ一人さんも私も、「ふわふわ」の言葉について知るよしもなく、言葉として「ふわふわ」と口に出したわけではありません。でもきっと、あの時私は、心も魂も、そして肉体さえも「ふわふわ」だったのだと思います。


このことは、そのまま私たちの人生にも通じます。

あのひまわり畑が、人生で言うところの最終目的地 ―― つまり「幸せの地」とすれば、そこにたどり着くには「ふわふわ」になればいいということです。

心が「ふわふわ」と軽やかになる道、楽しくなる道、きれいな道、心地よさを感じる道へ進めばいい。そうすれば必ず、ひまわり畑に行き着くから。

みなさんが、「ふわふわ」の力で最高の花畑を見つけられますように。

本書がそのガイドブックになれたらという思いを込め、一人さんと力を合わせてつづりました。

斎藤一人　ふわふわの法則　目次

一人さんの人生をかけて伝えたい言葉がある　斎藤一人　1
はじめに　柴村恵美子　5

序章
龍神様は「ふわふわ」が大好きなんです　斎藤一人　17
「ふわふわ」って言うだけで心が軽くなるんだ　18
龍神様が「もっといい世界」へあなたを運んでくれるよ　20
「ふわふわ」と龍神様の深い関係って？　23
神の言葉「ふわふわ」で神の道を生きな　25

第1章
明るく楽しい「ふわふわ」の言霊　柴村恵美子　29
羽根よりも空気よりも軽いのが「ふわふわ」　30
幸せが倍々ゲームみたいに膨らむんです　33

神様が手を貸してくれるのは軽～い人　35
「ふわふわ」で心の汚れがダイヤモンドになる　38
ワクワクしたければまず「ふわふわ」から　41
直観が冴える！　インスピレーションが降りてくる！　44
あのハリウッドで１０００％楽しめたワケ　48
会社のロゴをあっさり変えちゃった!?　50
俺のことを信じてくれる人がいればいい　53
競い合ってもケンカにならない驚異の会社　56
猛吹雪がぴたりと止み飛び立った先には……　59

第2章

「ふわふわ」で未熟な人生を楽しんでごらん

斎藤一人×柴村恵美子　対談　63
若い時は未熟。老いてなお未熟　64
ドライブ中に「ふわふわ」の言葉が降りてきた！　68

高度になればなるほどシンプルで簡単なんだ 72
なぜわざわざ裏階段や断崖絶壁を選ぶんだい？ 76
未熟だからこそ挑戦し甲斐があるんだ 79
「ふわふわ」で眠っている力が呼び覚まされるよ 82
全身を支える「チーム恵美子」が喜んでいる 86
そのチャラ男は伊達じゃない（笑） 89
行く先々で患者さんが元気になっちゃう!? 93
ダメな性格を輝かせることが成功のカギだよ 95
我慢は自分を虐待しているのと同じなんです 97
感じ良くなれば仕事も人もお金も集まるよ 100
貧乏神も「ふわふわ」で撃退できるんだ 103

第3章 世界がひとつになる「ふわふわ」の時代
斎藤一人×柴村恵美子 対談 107

時代は「ワクワク」から「ふわふわ」へ 108
ついに世界は地球村の完成に向けて動き始めた 110
進化するなかで「個」を磨く原点回帰 113
自分で考え、自分で肩の荷を下ろす時代なんだ 116
いまこそ俺たちの出番だよ 120
困ったことなんて起きないんです 123
愛と光の「ふわふわ族」になってごらん 126
集合意識がこの世に投影されるんだ 131

第4章

一人さんがズバッと回答！
～もっと「ふわふわ」を極めるQ＆A～ 135

Q1 「ふわふわ」の効果が出やすいのはどんな人ですか？ 136
Q2 どのくらいで「ふわふわ」の効果を感じますか？ 138
Q3 効率的に心が軽くなる秘訣はありますか？ 139

Q4　なぜ心が重いと龍神様の背中に乗れないのですか？　140
Q5　人の分まで「ふわふわ」唱えてあげられますか？　141
Q6　天国言葉や、いままでに一人さんが教えてくれたほかの言葉と「ふわふわ」に違いはありますか？　144
Q7　「ふわふわ」で意志力は高まりますか？　146
Q8　「ふわふわ」で人生にハリや潤いが出ますか？　148
Q9　「ふわふわ」でよく眠れ、1日元気にがんばれますか？　149

第5章　実際に起きた「ふわふわ」の奇跡　～全国のみなさんから寄せられた「ふわふわ」体験談～

151
1200万円減った売上を1日で取り戻せた！　152
乱暴な子どもがたちまち天使に戻り……　154
気づきの連続で友人との絆が深まり問題も解決　156
ギスギスしていた人間関係が驚くほど良好に　160

何度かけても通話中の電話が一発でつながった！　163
亡き父の愛を思い出して幸せに包まれた夜　165
食事を抜くほど忙しい日も力がみなぎってくる！　167
文句ばかりの母を笑顔に変えた「ふわふわ」　169
数十個もあった子どもの水いぼが次々に消え……　172
不登校の息子に感謝の気持ちで向き合えた　175
祈りの数だけ奇跡をもたらす「ふわふわ」マジック　177
おわりに　柴村恵美子　182

序章

龍神様は「ふわふわ」が大好きなんです

斎藤一人

「ふわふわ」って言うだけで心が軽くなるんだ

実は数年前から、気楽に生きることの核心を突くようなイメージがいろんな形で天からきていて。それがようやく最近、ハッキリとした言葉になって降りてきたんです。

これが、「ふわふわ」です。

「ふわふわ」というのは珍しい言葉ではないので、すぐにはピンとこない人もいると思います。

でもこのシンプルな言葉こそ、いまもっとも幸せにつながるキーワードなんだよね。たったひと言のなかに、「この時代をどう生きるか」が詰まっている。

なぜいま「ふわふわ」なのか、詳しいことは一人さんもよくわかりません。神様からそういうインスピレーションとともに、「このメッセージをみんなに伝えてください」というお知らせが降りてきただけだから。

ただ、こういうことは詳しく知る必要もないし、私たちは「いいものを使って幸せになる」だけでいいんだよ。

難しい話は抜きにして、実際に口に出してごらん。

「ふわふわ」って唱えると、なぜか気持ちが安らぐから。心が軽くなるんです。

軽くなることに限界はないし、心を軽くするって少しも難しいことじゃないよ。

だって、ただ「ふわふわ」唱えたらいいだけだから。

口に出して言えない場面では心で唱えるだけでもいいし、綿あめや雲みたいな、ふわ〜っとしたイメージを膨らませるのでもいい。そうやっていつも「ふわふわ」を意識していると、そのうち「ふわふわ」という言葉を聞いただけで気持ちが楽になるよ。

頭で考える必要なんてなくて、唱えるだけで心のモヤが晴れる。スカッとする。
少なくとも、一人さんの場合はそうなんです。

龍神様が「もっといい世界」へあなたを運んでくれるよ

一人さんって、龍神様が大好きなんです。龍神様は水辺を好むことから「水神」とも言われるんだけど、要は水と深いつながりがある神様なの。

水といえば、命の源。

つまり、地球上のあらゆる命は龍神様に守られ、育まれている。水が流れるがごとく四方八方に無限のエネルギーを放ち、大きな福をもたらすのが龍神様なんです。

そういう龍神様のことが私は大好きだし、理由はわからないけど、一人さんって生まれた時からずっと龍神様に守られているような気がしているんだよね。なぜか、いつも自分のそばには龍神様がいるように感じる。

私は子どもの頃から体が弱くて、何度も命を落としかけました。だけどそのたびに奇跡的な回復を遂げ、ここまで幸せに生きることができた。

それだけでなく、商人としても大成功させてもらいました。ただの1度も赤字を出すことなく、いまも成功を重ね続けています。

こういうことって、決して私が特別な人間だから起きたことじゃない。龍神様が力を貸してくれた結果だと思っているんです。

龍神様は、その背中に私たちの魂を乗せて、「いまより素晴らしい世界」へ連れて行ってくれる神様なの。不思議な話だけど、人間の魂はいくらでも別の世界へ瞬間移動できるし、行けばその世界にまったく違和感なく溶け込めるんだよね。

その橋渡しをしてくれるのが、龍神様なんです。

なにが言いたいんですかって、一人さんに起きたような奇跡は、あなたにも当たり前に起きるよってことなの。龍神様はみんなに平等だし、誰に対しても優しいから、希望すればみんな背中に乗せてもらえるんです。

そのためには、軽くて楽しい気持ちだよ。

龍神様は、いつも天空をすいすい～って泳いでいます。すごく軽やかなの。だから心の軽い人は龍神様に好かれて、ひょいひょい背中に乗せてもらえる。

自分では運ばれた感覚がなくても、うれしいこと、楽しいこと、感動すること、幸せな気持ちになることがあれば、それはすべて龍神様が「もっといい世界」へあなたを運んでくれた証なんだ。

「ふわふわ」と龍神様の深い関係って？

実は龍神様と「ふわふわ」って、すごく密接な関係にあって。「ふわふわ」を口癖にした人は、龍神様の背中に乗りやすくなるんです。

いわば、「ふわふわ」は龍神様の背中に乗せてもらうためのチケットみたいなもの。

龍神様は水の神様だけど、水は蒸発すると雲になるでしょ？　ということは、空に浮かぶ「ふわふわの雲」には、もともと龍神様の強力なパワーが宿っているんだよね。しかも、龍神様は雲の間をふわふわ～っと泳ぎ回る神様。

龍神様と「ふわふわ」って、ある意味セットみたいなものなんです。

「ふわふわ」唱えると、龍神様から力がもらえるようになっているんだよね。

さらにもうひとつ、龍神様と「ふわふわ」には共通点があります。どんな形にも変わる柔軟さがあり、いかなる場面でもそこに順応できる強さを持つ物質と言えば、水です。水は障害物があってもうまく避けながら流れるし、氷になれば硬いけど、蒸発して雲になると「ふわふわ」で柔らかい。変幻自在で、周りに影響されない強さがあるんです。

水――つまり龍神様は、柔らかさと強さの象徴なの。

一方、「ふわふわ」のイメージも雲のように柔らかく、順応性を感じさせます。龍神様と「ふわふわ」って、本当によく似ている。

日本は古来、質のいいきれいな水が豊富なおかげか、龍神様の国と言われてきました。この国は、龍神様に守られ、福をいただいてきたことで繁栄を遂げてきたの。だからこそ日本で「ふわふわ」という言葉が生まれたのかもしれないし、これほど柔らかい言葉なのに、ほかのどんな言葉よりも強いエネルギーを宿しているのかもしれないよね。

ただ、これからの時代は、「ふわふわ」の言霊は日本だけのものではありません。

このコロナ禍を通じてみんな気づいているように、世界はひとつになって協力し合わなければならない。そういう時代がきたんです。

全世界が「ふわふわ」で守られるし、地球全体が「ふわふわ」の言霊で生成発展していく。一人さんはそう確信しています。

神の言葉「ふわふわ」で神の道を生きな

昔からよく、「ひらめきはリラックスしている時にやってくる」と言われます。

これは一人さんもその通りだと思っていて。

私がサプリメントや化粧品のアイデアを思いつくのって、楽しく旅行している時や、仲間と談笑している時なんだよね。いつも、心が解放されている時にひらめくの。まぁ一人さんの場合は、心が解放されていない瞬間のほうがないかもしれないけど（笑）。

でもみんなだって、やっぱり楽しく遊んでいる時やワクワクしている時、お風呂で力が抜けた時やなんかにアイデアが浮かぶことのほうが多いんじゃないかな？

そういう瞬間が、まさに「ふわふわ」なの。

ほどよく力が抜けて心が軽くなると、スッと龍神様がやってきて背中に乗せてくれます。そして、いまの自分にふさわしい世界に運んでくれる。

アイデアがパッと降りてくるのは、あなたが新しい世界に飛び込んだサインなの。これまでより次元の高い世界で、もっと自分らしく、幸せになれる場所に移ったことを意味するんだよね。

そういう状況に、自分の意志で持ち込めるのが「ふわふわ」です。

どこかへ出かける必要もないし、楽しいことを考えなくたっていい。ただ「ふわふわ」唱えるだけで、まるで宝物を探し当てたみたいに「あ、そういうことか！」「ナルホド！」「これだ！」みたいな知恵がバンバン出てくるんだよね。「ふわふわ」で、驚くほどひらめきや気づきが増える。

一人さんは、こういう不思議な力を持つ言葉は「神の言葉」だと思っているんです。難しいことなんて考えなくても、言えば心が軽くなってひらめく。やれば結果が出る。

成功も幸せも、思い描いた通りに――いや、それ以上の現実が手に入る。それが神の言葉なんだよね。

しかも、神の言葉って誰にも迷惑がかかりません。自分も周りも嫌な思いをしないし、誰かを苦しめたり傷つけたりすることもない。

それでいて効果は絶大で、あなたも私もいいことだらけです。これを、一人さん的には「神の道」と言います。

あなたも、神の言葉「ふわふわ」で神の道を生きな。
こんなに簡単で、楽しい生き方はないよ。

第1章

明るく楽しい「ふわふわ」の言霊

柴村恵美子

羽根よりも空気よりも軽いのが「ふわふわ」

言葉には、「言霊」というエネルギーが宿っています。

たとえば「大丈夫」と言えば本当に大丈夫になる力があるし、「なんとかなる」と唱えたら、どんな問題でも絶対なんとかなる。神様が、そういうパワーを言葉に込めてくれているんですね。

「ふわふわ」という言葉を口に出すと、それだけで胸のざわつきやモヤモヤが消え、心が柔らかくなる。

それは、この言葉に「ふわふわのエネルギー」があるからです。

「ふわふわ」って、単なる「軽い」よりも、ずっとずっと軽いイメージです。羽根よりも、空気よりも軽い、ふわ〜っとした感覚。

だから、気が重くなった時に「ふわふわ」という言葉をおまじないのように唱えると、なぜか心が軽くなるんです。気持ちがフラットになる。

無理に自分で「ふわふわになろう」「軽くなろう」と意識なんてしなくていい。ただつぶやくだけで、あなたの心をがんじがらめにしている重い荷物を下ろしてくれます。


言霊っていうと、なんだか強い力でぐいぐい引っ張られるような印象があるかもしれませんが、決してそんなことはありません。

もちろん「激しい」「奮い立つ」みたいな言葉は強い言霊があるかもしれないけれど、「ふわふわ」はそもそも柔らかさを意味する言葉だから、強いイメージとは真逆。「ふわふわ」で肩に力が入ることはないし、言えば心がゆるみますよ。

こり固まった考えや感情がほぐされて、ゆるせないことも我慢できないことも、神様に包み込まれるような「まぁいいか」の優しい心境にいたります。

心が固い人は、頭も固くなる。そういう人はどうしたって力んじゃうから、体も緊張してぎゅっと縮こまります。肩も背中もカチコチになる。

だけどそんなに力んでしまうと、うまくいくものもいかなくなっちゃいますね。

なにをしてもうまくいかないなぁという人は、まず「ふわふわ」で心をほぐすのがおすすめ。自然と体のこわばりもほぐれ、うまくいくようになりますよ。

体が柔らかくなればケガや病気もしにくくなるだろうし、心や頭が柔らかい人は考え方や視野も広がる。「ふわふわ」って、いいことづくめですよ♪

幸せが倍々ゲームみたいに膨らむんです

人間は、心と体が軽くなればゆとりができます。余裕が生まれる。そして、その落ち着きは幸せに直結します。

なぜかというと、ゆとりのある人は明るい考え方を選択できるから。

明るい人は、嫌なことが起きてもさらっと受け流せるし、瞬間的にネガティブ感情が湧いたとしても、短い時間でその感情を手放せます。嫌な気持ちに引きずられなくなるわけです。

環境は変わらなくても、そこにほんの少し心の余裕ができるだけで、日々の幸福感は全然違ってきます。幸せを感じれば自分のことだって好きになれるし、自分にダメ出しすることもなくなりますね。

幸せな人は自分が満たされているから、変に焦ったり嫉妬したりすることもありません。つまり、自分だけでなく周りの人にも優しい気持ちになれるということ。あなたの心が軽くなって幸福度が上がると、「みんなにも幸せになって欲しい」という気持ちの流れができます。

自分だけ楽しくても1の幸せにしかなりませんが、大切な人や仲間と一緒に楽しめたら、100の幸せ、1000の幸せ……というように幸せが膨らんでいく。幸せって、みんなで分かち合うことで倍々ゲームみたく大きくなるものですよね。

自分にも人にも優しくなるって、魂の成長を意味します。そして魂を上昇させた人は、ドミノ倒しのようにいろんなことがうまくいくようになります。

なぜかというと、私たちは自分の魂を成長させるためにこの世に生まれてきたし、神様もそれを望んでいるから。少しでも魂が上昇すると、神様が喜んでいっぱいご褒美をくれるんです。

そもそも、魂が成長すると自分の置かれた状況を俯瞰《ふかん》できるようになって、起きた出来事に対して冷静に対処する力が備わりますよね。そうすると、さらに生きることが楽になるし、ますます心は軽くなる。

そんなすごいことが、たったひと言の「ふわふわ」から始まります。

ただ「ふわふわ」と唱えるだけで魂の成長が加速するし、正しい道に導かれる。

「ふわふわ」って、幸せの使者なんです。

神様が手を貸してくれるのは軽～い人

私たちはこの世に生まれる前、つまりまだあの世にいる時に、人生のシナリオを決めてきます。神様に「今世はこういうお題で魂を成長させたいです」って相談しながら、どんな経験を通じて学びを深めるか自分で決めてくるんですね。

シナリオのなかには、簡単に解決できることもあれば、難題もあります。でもね、どれもあなた自身が「この試練で○○のことを学ぼう！」って決めてきたことだから必ず乗り越えられるし、そこで気づきを得られるんです。

では、人はなぜいろんなことに悩み苦しむのか。それは、自分で乗り越えられることを忘れてしまい、「もうダメだ」「こんなんじゃ生きていけない」って悪いほう、悪いほうへと自分を追い込んじゃうからです。


これはすごく重要なポイントなので絶対に忘れないで欲しいのですが、神様ってね、私たちをいじめたり苦しめたりしません。神様は誰に対しても優しいし、いつだって、楽しく魂を成長させて欲しいと願っています。

魂を成長させるためにがんばっている人を、全力で応援してくれるんです。

あなたが目の前の問題からなにか学ぼうとしていれば、神様は必ず手を貸してくれます。神様は、苦しむあなたを見過ごすことなんてありません。

ものすごい難題が、知恵を絞っているうちに思わぬ展開でパッと解決することがあると思うのですが、それはまさに神様が力を貸してくれた合図。神様が手助けしてくれると、そんな奇跡は当たり前に起きちゃうんです。

で、常に神様が味方してくれたら一番いい。そうなれば百人力だから、どんな問題が起きても「私なら大丈夫！」って自信が出てきますね。自信があれば、ちょっとやそっとじゃあわてなくなります。

神様に味方になってもらうと、悩むこと自体がなくなっちゃうんです。

一人さんを見ていると、まさにそうですよね。


神様が喜んでくれるのはどういう人かというと、明るくて楽しい人。問題が起きても、軽〜く、気楽に受け止められる人が神様は大好きなの。

そのことを知っていると、悩みが出てきた時に「これをいかに軽い気持ちで考えようかな？」ってゲーム感覚になれますね。どんな問題でも自力で解決できるとわかっているから、ほかの人が深刻になるような場面でも「私は楽しく攻略しよう」って。

こういう人は、実際にどんな問題でもするっと解決しちゃうんです。

だからいま苦しくてどうしようもない人は、ただのおまじないだと思いながらでいいから、「ふわふわ」を唱えてみてください。1日に10回でも20回でも、心が軽くなるまで言ってみて。きっと人生が変わるから。

「ふわふわ」で心の汚れがダイヤモンドになる

悩みがある時って、まず考えが重くなっているんです。軽く考えられるのに、なぜか悩みが尽きないってことはあり得ないんですね。考えが重いから、いちいち悩む。心の軽い人は、明るい。軽いとは、「あ、かるい（明るい）」ですから。

いつも明るい人って、ちょっとくらい嫌なことがあっても笑い飛ばすイメージがありますよね？　落ち込むことがあっても、明るさのほうが勝っているとすぐ立ち直れる。

こういう人は、起きたことを悩みの種にしないんです。

心が軽くなれば、自然に明るくなって笑顔が増える。人間は笑いながら悩むことなんてできないから、笑ってる人は、悩もうと思っても悩めなくなります（笑）。だから、おのずと悩みが消えるようになっている。

という観点から言えば、悩みがある時は「考え方が重くなってるよ」「心を軽くね」っていう神様からのお知らせなんです。


行き詰まっている時は、なかなか自分の意志で心を軽くすることができないと思います。それができれば誰も苦労しませんしね（笑）。

だからこそ、誰でも簡単に言える「ふわふわ」がいいんです。

苦しくてもつらくても、「ふわふわ」って唱えると、胸の痛みが浄化されます。繰り返し「ふわふわ」言ううちに、浄化が進んで心が軽くなるんです。

手放したいけど、どうすれば手放せるのかわからない。

忘れたいのに、忘れ方がわからない。

そんな、つかんで離せない苦しい気持ちやつらい過去は、「ふわふわ」の言霊が、残らずきれいに消してくれます。そして同時に、明るい光を届けてくれる。

「ふわふわ」って、心にこびりついた汚れをダイヤモンドに変える魔法の言葉なんですよね。

悩みは自分自身にも暗い影を落とすけど、それと同じくらい、周りの人にも迷惑をかけてしまいます。あなたの重苦しい波動（周波数）がそこらじゅうにまき散らされ、その波動を受け取った人まで暗い気持ちになっちゃうから。

よく、「友だちの悩みを聞いていたら、私まで気が重くなっちゃって……」という話を聞きますが、それはあなたが相手の暗い波動に引きずられてしまったからなんですね。それくらい、波動には強い影響力があるということです。

でもね、それだって自分次第。あなたが「ふわふわ」の言霊でまぶしいほどの明るさを持てば、周りからの暗い波動に振り回されることはなくなりますから。

暗い波動を跳ね返すくらいの、超強力な明るい光をあなたが出せばいい。

あなたに会うと誰もが笑顔になっちゃうような存在になれば、どんな嫌な波動が飛んできても平気ですよ！

ワクワクしたければまず「ふわふわ」から

幸せになりたい、成功したいと思った時に大切なのは、楽しくてワクワクする、ポジティブな感覚です。ワクワクするほうへ進めば必ず成功するし、迷った時は、自分が楽しく感じる道、ワクワクする道、ポジティブな道を選ぶのが正解なんですよね。

なかには、「ワクワクしない仕事でも成功しました」という人がいるかもしれません。でも、一時的には成功しても、その仕事で成功し続けようと思ったら、やっぱり自分が楽しめることじゃなきゃ難しいと思います。

ワクワクしないことは長続きしないし、情熱を傾け続けることもできないから。そういう意味で、一人さんはいままでずっと、「好きなことをしな」「ワクワクするんだよ」ってみんなに伝えてくれました。

ただ、ここにきてそれが難しくなっている人が増えていますよね。

新型コロナウイルス（以下、コロナ）が世界中で猛威を振るい、長引く自粛の影響や経済的なダメージなどで、いま、気持ちがふさいでいる人が増えています。いつも以上に、心が重くなっている人が多いと思います。

そういう苦しみのなかにいる人に対して「ワクワクしてね」「ポジティブですよ〜」と言ったって、これはけっこう難しい。心に大きな負荷がかかっている時にワクワクすることなんて考えられないと思うし、無理にワクワクしようとしても、余計に気が重くなるだけですから……。

ワクワクって、「やってみたい」というチャレンジ精神がなければ芽生えにくい感情ですよね。そのチャレンジ精神は心に余裕があって得られる感覚なのに、いま苦しい人がワクワクしようとしたって、さらに自分を追い込んでしまうだけでしょう。

だから順番としては、ワクワクの前にまず心を軽くすること。ポジティブの前に、「ふわふわ」が不可欠なんです。

「ふわふわ」でゆとりができてくると、自分が抱えている問題を冷静に見極めることができます。切羽詰まるのは心が乱れているからであって、落ち着けば必ず解決の糸口が見えてきます。

そうすると、「これは自分でなんとか対処できそう」「あの人に相談してみよう」

みたいな交通整理ができてきますから、あとは焦らないで一つずつ実行していけばいい。こういうことができる人には、神様も力を貸してくれて、あとは加速度的に状況も良くなることでしょう。

問題解決すれば、当たり前だけどゆとりができるし、チャレンジ精神だって持てるようになります。そうなれば、自然にワクワクが顔を出す。ポジティブになれます。元気のない時でも、このゆるっとした言霊なら心に負担をかけることもない。誰でもサラッと言える上、お金もかからないのですから、こんないい方法はほかにないですよね♪

直観が冴える！インスピレーションが降りてくる！

序章での一人さんのお話にもありましたが、「ふわふわ」は龍神様の背中に乗るためのチケット。このチケットで、龍神様はいまのあなたに一番ふさわしい世界へ連れて行ってくれます。しかも、「いまだ！」という最適なタイミングで移動させてくれる。

要は、いまあなたが必要としているものを、ベストタイミングで目の前に出してもらえるということです。

龍神様が味方してくれると、時の流れが整い、あらゆる出来事の間《ま》がよくなります。最高にツイてる人になれる。

この「間がよくなる」というのは、実は直観力が鋭くなるのと同じことなんですね。ぴたりとタイミングが合った時って、自分では「なんとなくうまくいった」感覚かもしれません。でも、日常生活には「右か左か」「行くかやめるか」みたいな小さな決断が数えきれないほどあって、そこでいかに「正解」を増やすかに人生はかかっているんです。

ちょっとした決断で正解を積み重ねていると、時の流れがだんだん整ってきて、ある瞬間に「大正解」を引き当てる。直観による小さな積み重ねが、長い目で見ると人生を大きく左右するんです。

それが、間のいいツイてる人になるってことですから。

それと、「ふわふわ」唱えていると、心を軽くするためのインスピレーションも、じゃんじゃん降りてきます。

夫婦喧嘩や失恋、仕事で嫌なことがあった、ゆるせない人がいる、体調不良でつらい……そんな時に「ふわふわ」繰り返し唱えると、心を軽くするのに役立つアイデアが浮かんでくるんです。映画を観に行くとか、おいしいものを食べるとか、なにか心が軽くなる道が見えてくる。

そして浮かんだことを実行すると、大事な気づきがあったり、すごいひらめきで問題が解決したり、嫌な気持ちを吹き飛ばすようなうれしいことが起きたりして、うまくいくんですね。

それはもちろん、仕事でも大いに役立ちます。あるビジネスマンからは、こんな報告がありました。

「仕事で数億円のプロジェクトを2件ほど提案することになり、その企画書をまとめるために、このところずっと神経をとがらせていました。審査を通したいと思うあまり、力んでしまっていたのです。

そんな折に〝ふわふわ〟という言葉を教わり、早速唱え始めたところ、驚くほど肩の力が抜け、冷静に企画書と向き合えるようになりました。しかも、書き上げた企画書は会心の出来でした！」

会心の企画書なんて、自分の力だけではそうそう書けるものではないと思いますので、「ふわふわ」になったことですごいアイデアが降りてきたのだと思います。

こういう仕事は龍神様が後押ししてくれますから、きっとうまくいくことでしょう。

あのハリウッドで100%楽しめたワケ

思い起こせば、過去に起きたさまざまな出来事も、実は「ふわふわ」だったのかもしれません。

2019年に、私はアメリカのハリウッドで壮大なミュージックビデオ（MV）を撮影しました。歌は趣味で、本業は事業家なのに（笑）。

でもそんな素人の私がYouTube（動画共有サービス）でMVを公開したところ、なんと再生回数は400万回以上！

最高の経験をさせてもらっているなぁって、これこそ「ふわふわ」の心境です。

あの時はまだ「ふわふわ」という言葉は意識していませんでしたが、一人さんが撮影前に「気楽にな」「楽しんでくるんだぞ」って送り出してくれたおかげで、いま思えば心は完全に「ふわふわ」だったんですよね。

撮影中はまるで自宅にいるみたいにリラックスした気分だったし、素の自分で歌ったり踊ったりできましたから。


そんな私の雰囲気が撮影スタッフにもすごく印象的だったらしくて、後日、「恵美子さん、すごく自信満々でしたね。さすがです！」なんて言われて（笑）。

ハリウッドのプロ集団に囲まれたら、一流の歌手や俳優さんでも不安になったり緊張したりするものなのに、私にはそんな表情が微塵もなくて、堂々として見えたのだそうです。

もちろん、私だって自信なんてありません。外国人に囲まれながらMVの撮影をするなんて初めての経験ですし、あのハリウッドで撮影したわけですからね。

ただ、言われてみれば緊張はしていなかったなぁって。

不安も全然ありませんでした。

こんなチャンスは滅多にないんだから、100％楽しんじゃえ！ってアクセル全開でした（笑）。

会社のロゴをあっさり変えちゃった!?

一人さんがはじめて納税日本一になった当時、銀座まるかんのロゴは、丸のなかに「漢」という文字が入ったものでした。そして一人さんが納税日本一になったことで、世の中にもそのロゴが広く認識されるようになったんですね。

ところが、ある会社が同じようなロゴを使っているということで、どちらかがロゴの変更をしなければならなくなって……。

ロゴというのは、いわば会社の顔。そう簡単に変えられるものではありませんし、弟子の私たち（銀座まるかん正規販売代理店の社長）にとっても思い入れのあるマーク。それだけに、あの時は私も頭を抱え、一人さんに必死で「先方とよく話し合い、うちの会社で使わせてもらえるようにしましょうよ」って説得しました。

でも一人さんときたら、涼しい顔で「あちらに譲ればいい」「うちがロゴを変えたら済む話だよ」と言うばかり（笑）。私はまったく理解できなくて、「このロゴで有名になったのに、なんで!?」ってなりました（笑）。

あの時、一人さんがこんな話をしてくれました。

「社名やロゴなんて、別に変えたっていいんだよ。大事なのは、どんな会社で、どういう商品を販売するかってことだからね。愛される会社だったら、社名が変わろうがロゴが変わろうが、お客さんは応援してくれるんだ」

この言葉を聞いて、私もやっと腑に落ちました。一人さんが見ているのは、私が見ている世界よりずっと先だし、はるか上のほうなんだなと。

ロゴにこだわるよりも、一人さんや仲間たちと一緒に、もっといい商品が提供できるようにしよう。最高の会社にしようって。目先の出来事に惑わされてはいけないという、大切なことを教わりました。すごくいい学びになったんですよね。

いま振り返ってみると、やっぱりあの時も「ふわふわ」に通じていたなぁって。その象徴的な光景が、一人さんのこんな行動です。

ロゴ問題が発覚した時、一人さんはまず、

「こういう時は、体をふわっとさせないとダメなんだ」

とつぶやきながら、ちょっとズボンのベルトをゆるめたんですよね。

きっと、心身ともにリラックスした状態で問題と向き合おうとしていたのでしょう。一人さんは昔から「いい知恵が欲しい時は、肩の力を抜いて軽くなるんだよ。緊張状態は一番ダメで、それじゃいい考えは浮かばないんだ」って言っていましたから。ベルトをゆるめたのも、正しい道を探るために「ふわふわ」になろうとしたのだと思います。

そして出たのが、「ロゴが変わっても俺たちの会社は大丈夫」という答えだった。

この一件によって、まるかんでは新たに、丸のなかに「ひとり」という文字が入ったロゴ（いまのロゴです）が誕生したのですが、その後会社がグングン成長し続けたことを考えると、ロゴを変えたのは大正解だったんだなぁとしみじみ思います。

俺のことを信じてくれる人がいればいい

実は以前、一人さんの名前を無断で語り、不当に高額な商品を販売するような人がいたんですね。ほかの著名人にもそういうことはよくあるそうで、ふつうは相手に厳重警告をしたり、場合によっては訴訟を起こしたりすることもあるそうです。

ところが一人さんに限っては、「細かいことはいいんだよ」って全然怒らない

（笑）。だから、相手は好きなように一人さんの名前を使っちゃって……。

さすがに弟子の私たちも見かねて、「こんなことされて、頭にこないんですか？」「お客様に誤解されないように、しかるべき対応をしましょう！」って提案するのですが、やっぱり一人さんは動じないんです。

私なんて血の気が多いほうだから、「こうなったら、一人さんに黙って訴えてやる〜！」なんて、こっそり弁護士に相談して（笑）。いつでも訴訟を起こせる準備をしていたのに、途中で一人さんにバレちゃって、「俺のことを信じてくれる人がいれば、それでいいんだよ」となだめられたのでした。

「俺たちは商人だからね。心と体の両方の健康をサポートしたい、みんなに笑顔になってもらいたい、幸せになってもらいたいっていうのが目的なんだよ。

人と揉めるより、みんなに豊かさを提供することのほうが大事なの。それを忘れないでいれば、なにがあろうと全部うまくいくんだ」

自分のすべきことに集中し、「ふわふわ」の軽さを忘れないでいれば、嫌な人は勝手に消えていく。まさにそれを痛感した出来事でした。

先ほどの会社のロゴ問題もそうですが、一人さんは見事なまでに、目先の問題に惑わされません。困った様子もなければ、怒ったり戦闘モードになったりすることもない。ひたすら穏やかに、「それくらいどうってことないよ」というスタンスです。

いくら弟子たちがヤキモキしていようが、一人さんだけは涼やかな顔（笑）。風のように「ふわふわ」好きなところへ行くし、したいことをして楽しんでいました。

ふたを開けてみると、いずれのケースも丸く収まり、誰ひとり嫌な思いをしなかったんですよね。それどころか会社はバンバン成長し、一人さんの教えもたくさんの人に響いて、世界じゅうに一人さんファンが増えていきました。

こんな神がかった展開って、ほかにありませんよね！

競い合ってもケンカにならない驚異の会社

最近つくづく感じるのは、一人さんが考案したまるかんの経営戦略「渡り鳥経営」で、仲間たちと楽しく切磋琢磨させてもらったことへの感謝です。改めて、仲間の存在はありがたいなぁって。

渡り鳥経営は、仲間あっての経営法。成功するやり方を仲間と共有し、助け合いながら、みんなで成功する方法のことです。

渡り鳥が海を越える時って、体力を節約するために、上昇気流をうまく利用できるV字型で飛ぶんです。ただ、先頭の鳥は大きな空気抵抗を受けて疲れるので、みんなで入れ代わりながら長距離飛行をします。

この仕組みを仕事に置き換えると、
「わからないことは、感謝の気持ちで仲間に聞く」
「仲間に質問されたら、もったいつけないで教える」
「いい知恵が出たら仲間に教える」
ということになります。小さい力でも高く、遠くまで飛べる素晴らしい経営法です。

渡り鳥経営は自分の力で前進はしますが、１人の力だけで進むわけじゃない。仲間と協力することで、励まされたり、自分の実力以上の力が発揮できたりして、効率的にみんなで成功できる。

おかげで私たちの会社はどんどん大きくなり、全員が豊かになりました。私も、最高の仲間に胸を貸してもらえましたし、もちろんそれはいまも続いています。

しかも驚きなのは、ただ成功できるだけじゃないんです。

うちの会社には競争があって「今月はこの人が優勝、２位はあの人で……」みたいな順位がきっちり出るのですが、渡り鳥経営が前提にあるおかげで本当に雰囲気がいい。

勝ったからって威張る人はいませんし、負けて腐る人もいない。みんな、すごくいい戦いをするんですね。

競争があると、ふつうなら殺伐としてもおかしくないと思うのですが、うちの会社ではそういうのは皆無。まったくケンカにならない、かなりレアな会社だと思います。


一人さんがいつも、「競い合いながらも、お互いに助け合い、支え合うのが一番強いよ」と言いますが、本当にその通りだと思います。

そして考えてみれば、これも結局「ふわふわ」の精神につながります。

心の軽い人はいい情報をじゃんじゃん人に教えられるし、自分が負けた時も、変に身構えず気楽に情報をもらいに行けますから。

全員が「ふわふわ」の会社でケンカになるわけがないし、そういう会社が大きくならないはずがありませんよね。

猛吹雪がぴたりと止み飛び立った先には……

3年前に、私の大好きなドルチェ&ガッバーナというイタリアの高級ブランドからご招待いただき、ミラノコレクションへお邪魔した時のことです。

帰路、イギリスのヒースロー空港で飛行機の乗り換えがあったのですが、ちらついていた雪が猛吹雪に変わり、飛行機が立ち往生してしまったのです。すでに乗客は機内で待機しており、みんな不安げな表情……。

私も「いまさら欠航になっても困るなぁ」と思ったのですが、こういう時こそ軽く考えるのが一人さんの教え。すぐに気持ちを切り替え、飛行機が無事に飛ぶイメージを頭のなかで膨らませました。

ふわふわの雲が浮かぶ空に向かって離陸し、飛行機はぐんぐん進みます。やがて雲を突き抜けると、そこにパッと広がったのは夕日で真っ赤に染まった空。その美しさは、イメージのなかとはいえ、目を奪われるほど——。

そうこうするうちに、私の耳に機内アナウンスが飛び込んできました。なんと奇跡的に吹雪が止み、飛行機が離陸するというではありませんか！

さらに驚いたのは、飛行機が飛んで雲の上に出てみると、ついさっき私がイメージしたのと同じ、なんともきれいな夕焼け空が広がっていたのです。

こんな奇跡があるのかと、あの時は私も不思議でなりませんでしたが……いまならばっちりわかります。

間違いなく、あの時の私は「ふわふわ」だったのでしょう。

私の「ふわふわ」な心が龍神様を呼び寄せ、軽やかにその背中に乗って、「飛行機が無事に飛ぶ世界」へ運んでもらったんじゃないかな。そんな風に思えてなりません。

振り返れば振り返るほど、私の人生、「ふわふわ」の言霊に助けられていますね。

やっぱり、「ふわふわ」ってすごい！

第2章

「ふわふわ」で未熟な人生を楽しんでごらん

斎藤一人×柴村恵美子 対談

若い時は未熟。老いてなお未熟

柴村恵美子（以下、恵美子）　本章と次章は、一人さんと私の対談形式で進めさせていただきますね。みなさん、改めてどうぞよろしくお願いいいたします！

それでは早速、本題に入りますね。

私は趣味で音楽活動をしているのですが、２０２１年３月に、「超十代」という、十代の子たちが集う大きなイベントにゲストとして招かれたんです。音楽ライヴやファッションショー、トークショーといったさまざまなステージで構成される十代のためのイベントですから、参加者はみんなとっても若い！　そのなかで私は異色のゲストとして（笑）、なんとオープニングで歌を歌わせていただきました。

その時に、司会者から「若い人たちにひと言メッセージをお願いします」と言われたので、こんな話をしたんです。

「若い時は未熟だけど、したいことはなんでもチャレンジしてください。たとえ失敗しても、自分を責めちゃダメ。がんばった自分をいっぱい褒めてあげてね」

一人さんに報告したら、「それはいい話をしたな」と言ってもらえるだろうな～、なんて期待していたのですが（笑）。返ってきたのは予想外の言葉。

「俺も恵美子さんも、まだまだ未熟だよな」

エーッ!? 私が未熟なのはわかるけど、一人さんが未熟っておかしくない？ どういうこと～!? って（笑）。

斎藤一人（以下、一人）　未熟って最高なんだよ。だってさ、自分が未熟だと思えば気が楽だし、心も軽くなるでしょ？ なんだかんだハードルが低くなって、行動しやすくもなる。だったら、そう思ってたほうがいいよね。

年がいくつだろうと、未熟であることを恥じる必要なんてないし、隠すこともない。「若い時は未熟、老いてなお未熟」と思えば、自分が楽なんだよ。

俺はね、未熟である自分を楽しみたいの。これからもバンバン未熟でいくし、ますます未熟で生きるつもりだよ（笑）。

恵美子　わぁ……かっこよすぎます！　一人さんに出会ってそろそろ半世紀……この長い時間のなかで、私は一人さんからたくさんのことを教わってきましたが、いまだに学びは尽きませんね。こんな風に、ハッとさせられることばかりです。
未熟の話も本当に一人さんの言う通りで、そもそも私たちは未熟だからこそ、この世に生まれてきたんだからね。

一人　そうだよ。俺も恵美子さんも、この本を読んでくれている人もみんな未熟なの。だから俺たちの魂はこの地球でいろんな経験をしたいし、失敗して学びたいんだよね。

間違うことで成長し、少しでも魂のレベルを上げるために生まれてきたわけだから、俺たちが未熟なのは当たり前。

完璧に成熟したら、それはもう神様と同じでしょ？　神様なら、もうこの世に生まれてくる理由はないよね。

恵美子　実をいうと、「超十代」の出演オファーをいただいた時には、うれしい反面「若い子のイベントなのに、私なんかが参加してもいいのかしら？」「失敗して恥をかいたらどうしよう……」っていう不安もあったんです。私は宇宙年齢（※）でいくと永遠の18歳だけど、地球年齢ではそれなりに長く生きていますから（笑）。

でも、そんなの気にする必要ないですよね！　未熟な私が失敗するのは当たり前だし、それを見ているみんなだって未熟なんだから、どんな失敗をしたって少しも恥ずかしいことではありません。

そう思うと、「私もじゃんじゃん未熟で生きよう！」「もっと新しいことに挑戦するぞ！」って、俄然《がぜん》やる気になってきましたよ〜♪

（※）私は生涯、青春を貫きたいという思いから、永遠に18歳の「宇宙人の恵美ちゃん」というキャラクターをつくって楽しんでいます（笑）。

ドライブ中に「ふわふわ」の言葉が降りてきた！

一人　人生を輝かせたければ、未熟を受け入れればいいんだよ。未熟を楽しめる人ほど、人生の充実度は上がるから。

恵美子　ただ、未熟って世間的には劣っているイメージがあるせいか、なかなか受け入れられない人も多いですよね。

一人　そういう人は、「ふわふわ」って言えばいい。心が軽くなってゆとりが出てくると、自分が未熟であることを受け入れられる器ができるんだよ。

恵美子　そう言えば、「ふわふわ」の言葉が生まれたきっかけは、まさにこの未熟の話でしたね。

ある日のドライブ中、先ほどの「超十代」のエピソードから未熟の話になったところで、一人さんがボソッと「ふわふわだな」ってつぶやいて。

一人さんのこういう雰囲気って、たいていなにかスゴい教えが飛び出すんですよ。この半世紀でそれを熟知している私は、もう背中がぞわぞわ〜って（笑）。期待に胸が震えちゃいました！


一人　俺ね、何年か前から「ふわふわの龍雲」だとか「ふわふわの綿あめ」みたいなイメージが、ちょこちょこ頭に浮かんでたの。といってもぼんやりしたイメージばかりで、いまひとつピンとこなくて。だから「まだタイミングじゃないんだろうな」と思ってたんだよね。

それが恵美子さんと未熟について語っている時に、パッと「ふわふわ」という言葉として降りてきた。言葉として、きちんと整った形で降りてきたんだよ。

で、その瞬間に「これからの時代は〝ふわふわ〟なんだな」って確信したの。

そういう経緯から言えば、「未熟な自分を、ふわふわと軽やかな気持ちで楽しむ」っていうことがきっかけで降りてきた言葉だね。

恵美子　一人さんが「いま、〝ふわふわ〟っていうメッセージがきた」「これからは〝ふわふわ〟だよ」という説明をしてくれたのが、私が最初に聞いた「ふわふわ」の言葉でしたね。

未熟な自分を楽しむ——つまり、「ふわふわ」の軽〜い心で人生を味わい尽くしな。そうすれば最高の人生になるからねっていうメッセージをいただいたんですよね。

未熟の話も、「ふわふわ」と合わせて考えると、スッと腑に落ちます。「ふわふわ」の心で未熟と向き合うと、簡単に受け入れられますね。

一人　たまに、「年をとる＝偉い」と勘違いしてる威張った中高年がいるんだけどさ。言っちゃ悪いけど、その時点でだいぶ未熟なんだよね（笑）。

年を重ねてもまだ未熟だと知っている人は、絶対に威張らない。だから周りの人も助かるし、なにより自分が生きやすくなるんだよ。

未熟でいいと思えば、心が軽くなる。心が軽くなれば、頭もクリアになって視野が広がる。脳も活性化してひらめきが増えるだろうし、心が軽くなれば体だって軽くなるんだよね。で、心も体も軽い人は、「もっと、もっと」って、どこまでも楽しむことを追求し始めるんだよ。

面白いことに、未熟だと思っている人ほど、「あれもやりたい」「これに挑戦しよう」って、好奇心旺盛になって行動するの。しかも、そういう人は神様に好かれるから、やることなすことぜんぶうまくいく。

人生を充実させるのって難しいように思うかもしれないけど、ただ「ふわふわ」言って未熟な自分を楽しんだらいいだけなんだよ。

高度になればなるほどシンプルで簡単なんだ

恵美子　未熟を受け入れた人ほど行動的になるというお話は、すごく納得しました。私は日ごろ、一人さんの教えを広めるために、寺子屋お茶会（参加者全員が1人5分の持ち時間で楽しい話をする会）や講演会、勉強会（魅力塾）を開催していますが、そこでいろんな相談や質問が寄せられるんですね。

そのなかでも、「行動したいけど、最初の一歩がなかなか踏み出せない」というお悩みが本当に多いんです。

一人　行動できないのは、失敗を怖れる気持ちが大きいからだよね。でもその時に「自分は未熟なんだから失敗して当たり前。何度でも失敗していいんだ」と思えたら、恐怖心はずいぶん小さくなる。行動のハードルが下がるんだよ。

じゃあ未熟を受け入れるためにはどうすればいいかというと、「ふわふわ」と唱えたらいい。言っているうちに、本当にどんどんハードルが下がっていくから。こういうのは理屈じゃないいんだよ、やった人にだけわかることなんだ。

恵美子　何度も「ふわふわ」唱えていると、自分の脳もこの言葉を聞き続けます。すると、潜在意識に「ふわふわ」という言葉が刷り込まれる。

それでどうなるかというと、自分で意識しなくてもふわふわ状態が続くようになるわけですね。潜在意識に入り込んだものは、脳が自動的に指令を出すようになるから。

こうなるとしめたもので、心の軽さにも加速がつく。

いつでも穏やかな気持ちでいられるし、冷静な判断ができたり、自分の機嫌をコントロールできたりしますね。

一人　そうだよ。それに心が軽くなれば、魂の声がよく聞こえるようになって、今世、自分がどんな楽しい旅をするつもりだったのかを思い出せるの。で、思い出したが最後、もう行動せずにはいられなくなる（笑）。
自分の描いてきたシナリオは、あまりにも楽しい旅で魂が切望するから、突き動かされるように行動しちゃう。
この地球は、行動の星だからね。俺たちは、行動することで大きな喜びを感じるようになってるんだよ。

恵美子　たったひと言の「ふわふわ」が、これほど深い意味を秘めているんですね。どんな悩みも「ふわふわ」の言葉ひとつで楽に解決できるし、魂の声にもしっかり耳を傾けられるようになる。シンプルで簡単な言葉だけに、不思議ですね。

一人　この世は、高度になればなるほどシンプルで簡単になるという法則がある。精神論やなんかでも比べてみたらわかると思うけど、昔のほうがよっぽど難しいんだよ。悟りの世界にしたって、昔は修行がつらすぎて常人にはとてもできなかった。
でもね、そんな苦しい時代はもう終わったの。みんなの魂が成長したいまは、もっと簡単な方法で、誰でも自由に幸せになっていい。そんな、楽に成功していい時代になったからこそ「ふわふわ」みたいなすごい言葉が降りてくる。

世の中をちょっと観察してみても、「高度になればなるほど簡単になる」というのが当たり前だってよくわかるよ。

たとえば車でも、昔の車よりいまの車のほうがずっと運転が簡単でしょ？ 車の性能としては圧倒的にいまの車のほうが上なのに、この高度な車が、昔の車より簡単に運転できるの。もうじき、自動運転すらふつうになってくるだろうね。

その時に、自動運転ができる車はどんな仕組みになっているんだろうとか、難しいことを知らなきゃ運転できないわけじゃないんだよ。専門的な話は、研究者や学者に任せておけばいい。

みんなは、便利なものを使えばいいだけ。

それと同じように、「ふわふわ」という言葉もただ唱えたらいい。なぜ「ふわふわ」の言葉でいいことが起きるかなんて、知らなくてもいいんだよね。

言って楽に生きられるようになれば、それでいいんだ。

なぜわざわざ裏階段や断崖絶壁を選ぶんだい？

一人　俺たちは、未熟だからこそ、この地球に生まれてきたし、ここでのいろんな経験を通じて魂を成長させるんだよね。だけど、決して苦しむために生まれたんじゃない。

ふつうの感覚だと、未熟だと苦労するのが当たり前だと思うかもしれないけど、楽しく成長するのが神の道なんだ。

恵美子　私たちは、生まれてくる時に神様と「今世、うんと楽しんできます！」「いっぱい学んできます！」って約束してきているんですよね。

ところが、この世には神様の生き方とは違う、世間の「常識」や「観念」がある。

そこに身を置いているうちにだんだん周りに影響され、あれやこれや心に汚れがこびりついてしまうわけです。

そうすると、神様と交わした「楽しく学びます」という約束を忘れちゃって、いつの間にか苦しい道を歩いていた……というのが、苦しい生き方の定番でしょうか（笑）。

一人　人間には二通りの人生があるんだけど。ひとつは、迷い苦しむことで成長するパターン。もう一方は、簡単に楽しく成長するパターン。

言うなれば、裏階段を上る人生と、表階段から上っていく人生だね。

恵美子　もちろん、一人さんが教えてくれているのは、面白くて誰でも行ける簡単な表階段！　神様が味方してくれるのは表階段だから、楽しんでるだけでハンパない成功ができちゃうし、私も表階段じゃなきゃもう生きていけません（笑）。

一人　山登りだってさ、ふつうの道から楽しく登る人もいれば、なぜか険しいルートを好む人もいるよね。

断崖絶壁みたいなところをよじ登りたい人もいるんだよね（笑）。

ふつうの道が好きな人にしてみれば、あえて険しい道を選ぶ理由がわからないんだけど、難しい道が好きな人にいくら「こっちに楽な道があるよ」と伝えても、「いや、俺は断崖絶壁を登るから」って聞かないんだよ（笑）。そういう人は、断崖絶壁が好きなんだよね。

恵美子　だけどひとたび表階段を上がっちゃうと、もう絶対に裏階段には戻りたくないって思うでしょうね。

どんなに裏階段が好きだった人でも、ちょっと表階段に足を踏み入れた瞬間に、「裏階段はダメだな」って考えが変わるんじゃないかしら（笑）。

一人　裏階段が好きな人は、試しに表階段を使ってみるといいよ。表階段に行くには、ただ「ふわふわ」って言えばいいだけだから。別にワナなんてないしね（笑）。

未熟だからこそ挑戦し甲斐があるんだ

恵美子　自分に起きることはすべて、自分が望み、自分がシナリオに書いてきたこと。という話をすると、「それはシナリオ通りにしか生きられないということですか？」という質問が寄せられることがあるんだけど、一人さんはどう思いますか？

一人　確かに、自分が今世どんな風に生きるかというのは、シナリオのなかで大筋は決まってるんだよ。それは宿命とも言えるだろうけど、勘違いしちゃいけないのは、その筋書きは「自分で決めてきた」ってことなの。

誰に強制されたものでもない。あなた自身が天にいる時に、「今世はこの人生で学びを深めたい」と望み、神様に「この人生を楽しんできます」と約束することで命をいただいてきた。まず、ここは大前提としてわかっておいたほうがいい。

その上で言えば、シナリオといっても人生のすべてが刻明に記されているわけじゃないんだよ。あなたが決めてきたのは、ざっくりとしたあらすじ程度のことで、そんな詳細でもないの。

神様は、俺たちに自由意志というものを授けてくれてるんだよ。それは、「日々の細かな選択は自由意志で決めな」「自由意志をどう使うかで、シナリオ以上の豊かな人生にできるよ」っていう理由があってのことなの。

恵美子　つまり、自由意志の使い方次第では、私たちが決めてきたシナリオの何倍も、何百倍も、いや何千倍も人生をグレードアップさせることだってできるってことですね。

そう思っている一人さんは、「よし、あの世で決めてきたシナリオ以上の人生にしてやろう！」ってワクワクし通しですよね。

人生のシナリオは、あくまでも羅針盤のようなもの。シナリオに従って正しい道へ進みつつ、自由意志で神的な生き方をしていれば、当初の予定以上の人生を創造できますね。

それを、「すでに決められている人生を歩くだけじゃつまらない」みたいな気持ちで諦めてしまったら、魂の成長はそこで止まってしまいますね。

一人　だからこそ、自分の未熟な部分を見つけた時は、「これをどう活かせば、持ってきたシナリオ以上の展開にできるかな?」って考えるの。

あの世にいた時の自分より、今世の自分のほうが経験を積んだ分成長しているはずでしょ? だったら、あの世にいる時よりいまのほうがいい知恵が出せるはずなの。いわば、あの世にいた時の自分と、今世の自分との知恵比べなんだよ。

そういう考えだから、一人さんの場合、自分の未熟さに気づいた時は、新しいゲームをひらめいた時みたく興奮しちゃうんです。俺にしてみれば、未熟だからこそ挑戦し甲斐がある。

「ふわふわ」の言葉なんかも、きっとあの世にいる時の自分ではわからなかった言葉だと思うから、これは今世の俺の勝ちだね（笑）。

「ふわふわ」で眠っている力が呼び覚まされるよ

恵美子　一人さんの人生が物語っていると思いますが、「ふわふわ」の生き方って、自分の実力以上の力が出せますね。実力以上の結果が出る。

たとえば私の場合、「ふわふわ」を唱え始めてから体力が向上して、すごくスタミナがついたんです。

私は以前からスポーツジムに通っているのですが、ランニングをしても10分でくたびれちゃって（笑）。それでも毎日走るうちに少しずつ走れる時間が延び、最近では30分も走れるようになって、自分自身にバンザイしていたんです。

ところが驚いたことに、その後「ふわふわ、ふわふわ〜」とつぶやきながら走り始めたところ、あっという間に40分走れるようになって、いまではなんと、時速8キロペースで1時間も走れているんですよ！

一人　心が「ふわふわ」の状態になれば、体も軽くなるからね。

恵美子　そう！ 体が軽いのなんのって（笑）。おかげで毎日、ランニングだけで500キロカロリー以上も消費できるようになり、食事制限はしていないのに、体重がスルッと4キロダウン！

同年代の方ならわかるかもしれませんが、私くらいの年齢で健康的にやせるってすごく難しいんですよ。それが、いとも簡単にやせちゃって（笑）。

しかも、走っている時は全然キツくないんです。「ふわふわ」言っていると楽しいイメージがどんどん湧いてくるので、そのおかげで気が紛れるというか、あっという間に1時間経っている。ほとんど疲れません。

間違いなく、「ふわふわ」で実力以上の力が出せているのだと思います。

一人　これまでは力を出し切れてなかっただけで、もともと恵美子さんにはそれくらいの力はあったんだと思うよ。「ふわふわ」の言霊で眠っていた力が呼び覚まされ、まるで実力以上の力が出せたように感じてるんだよ。

人間って、みんなものすごい実力を秘めているの。芸能人なんかだと、その秘めた魅力をいかに引き出すかで人気が全然変わってくるよね。

そういえば、芸能界ではいま「フワちゃん」という女の子が人気なんだそうだね。一人さんはあまり詳しくないけど、聞くところによると、すごく明るくて楽しい子なんだって。その上、名前までフワちゃんで「ふわふわ」なの。

人柄も名前も「ふわふわ」とくれば、そりゃ大いに実力も出せているだろうね。

恵美子　すごく興味深い話ですね！　そういえば6月に、陸上の山縣亮太選手が100m走で日本新記録を樹立したニュースがあって、その時「(新記録を出した時の体感は）ふわふわした」「いい時は飛ぶんだなと思います」といったコメントを出したんです。

山縣選手はきっと「ふわふわ」のことなど知らないと思いますが、いい走りができた時には、自然にふわ～っと飛ぶ感覚になるんでしょうね。それが日本新記録につながったというのは、やっぱり「ふわふわ」の力を感じずにはいられません。

ちなみに、このニュースを私に教えてくれた方も陸上競技をされているのですが、山縣選手に触発されて意識的に「ふわふわ」言うようにしたところ、体調がすごくよくなって、８００m走をはじめ3種目において自己ベストを出したそうなんです！

全身を支える「チーム恵美子」が喜んでいる

恵美子　さっき話したように、私はほとんど毎日、1時間ランニングしているんだけど、実は走りながら涙が止まらなくて……号泣しちゃったんです。スポーツジムで、変な人だと思われちゃってるかも（笑）。

一人　どうして泣いちゃうんだい？

恵美子　「ふわふわ」言いながら走っていると、いろんな感謝があふれてきて。その感謝があまりにも大きくて、涙を止められなくなったんです。

いままでの私は、自分の体に感謝もしていたけど、体が不調の時は膝が痛いだの腕が上がらないだのって、痛いところを悪者扱いしていたんです。でも「ふわふわ」唱えながらランニングをするようになってからは、自分の体に対して「悪いところばかりに目を向けて申し訳なかったなぁ」「膝も腕も、全然悪くないのに」って。

体にはいろんなパーツがあるけど、手足や頭といった外側から見える部分だけでなく、肺や心臓などの内臓、骨、筋肉、血液……最新の研究では、人間の細胞は全身で約37兆個と言われますが、この膨大な数の細胞すべてがひとつのチームです。「チーム恵美子」が互いに支え合い、私を生かしてくれている。

痛いところや問題のある部分をみんなでカバーしながら、一生懸命に私を動かしてくれているんですよね。そのことに、指揮官である私はまったく気づいていなかった。

私という人間は、チーム恵美子が一丸となって働いてくれているおかげ。そんな大切な気づきを、「ふわふわ」の言霊がくれたんですね。

一人　それはいい学びだったな。きっと、恵美子さんの体も喜んでいるよ。

恵美子　最近、私は本当に心身ともに絶好調で、細胞がすごく活性化しているのを感じます。それは一人さんが言うように、チーム恵美子が喜んでくれているからでしょうね。

痛かった膝《ひざ》や腕もすっかり治ったし、肩こりも減りました。睡眠時間が4時間くらいしか取れない時でも、元気いっぱいで疲労感ゼロ。すごいでしょう？

動きも機敏になり、余計な体重まで落ちて体のラインがスッキリしたおかげで、ますますファッションも楽しくなりました♪

こうした私の体験からもわかると思いますが、一人さんの教えって、どれも実証論。一人さんが教えてくれる通りにすれば、この「ふわふわ」も必ず手ごたえが得られると思うんです。

一人　生きていれば、なにかしら嫌なことはある。魂を磨くために、誰にでも問題は起きる。もちろん、一人さんにだってみんなと同じようにいろんなことがあるよ。一人さんだからって、なにも嫌なことが起きないわけじゃない。
でもね、一人さんがなぜいつもこんなに幸せかっていうと、起きたことぜんぶを楽しめるからだよ。幸せでいるためのコツっていうか、技みたいなものを持っているからです。

そのなかでも、いまの時代にもっとも必要なのが「ふわふわ」なの。「ふわふわ」の言霊が、いまもっとも幸せや成功に近いんだよって話なんだ。

そのチャラ男は伊達じゃない（笑）

恵美子　親しく交流している仲間のなかに、いつもみんなを笑わせてくれるひょうきんな男性がいるんです。すっごく楽しい人で、私もみんなも彼のことが大好きなんです。

ただ……こう言うと失礼なんですけど、一見、チャラ男なの（笑）。話す内容から行動から、ぜんぶチャラチャラして見えるんです（笑）。

たとえば、「恵美子さ〜ん、僕、居酒屋はじめたんッスよ」みたいな感じで、唐突にお店をはじめたり（笑）。しかも次々と3店舗もオープンさせて、見ているこちらは「ちゃんと考えてるのかな？」って心配になっちゃうくらいなんです（笑）。だけどよく観察してみると、これが見た目と違ってすごくしっかりしている！

私は彼のお店にも足を運びましたけど、内装もお料理もレベルが高いのに、経費にまったくムダがないんです。定年退職した一流ホテルのシェフに頼んで、安く料理長を引き受けてもらったりしていて。

リーズナブルに質の高いサービスが提供できるから、お店は大繁盛でした。

一人　世の中には、見た目はなにも考えてなさそうなチャラ男なのに、なぜか大成功してるっていう人がいるんだよね。だけど一人さんに言わせると、そのチャラ男は伊達じゃないの（笑）。「ふわふわ」の軽い人、というのが正解だね。

軽い人だから周りの目にはチャラチャラして見えることがあるのかもしれないけど、軽い人がさらっと出した知恵には間違いがないから、やることなすこと簡単に成功しちゃうんだよ。

ある意味、一人さんも若い頃はそんな風に思われたかもわかんないね（笑）。だって俺は、昔から「会社に行かないで、旅行ばっかりしてる社長になる」「たった数人の従業員で日本一の会社にする」「彼女は40人に厳選する」みたいなことばかり言ってきたから（笑）。

一人さん的には当たり前に実現できると思っていたけど、世間の常識からすると、「なに言ってんだ⁉」って思われてもしょうがないかな（笑）。

恵美子　確かに、一人さんっていつもジョークばかりですよね（笑）。

でも人一倍の愛情があって……あえて言うなら、チャラ男の仮面をかぶった神様でしょうか（笑）。

先ほどの男性と一人さんは、「スピード感」という点においてすごく通ずるところがありますよね。

今回のコロナ禍では、飲食関係の会社はずいぶんダメージを受けましたが、彼は居酒屋さんを経営していながら少しもコロナの影響を受けていません。なぜなら、コロナがまん延する直前にサッとお店を閉めたからです。

当時はまったく経営に問題はなかったのに、コロナ感染が広がり始めたと同時に、3店舗すべてを閉店したんです。後でその理由を聞いたら、「これはマズいことになる」という直感があったんですって。

オープンした時も素早かったですけど、閉めるのも電光石火の速さでした。

ちなみに、彼は居酒屋さんだけでなく電機関連の事業も手がけていて、そちらは経営も好調なのだそう。当面はそちら一本に集中するという話です。

一人　軽い人って変な執着がないから、始める時もやめる時も本当に早いよ。しかも、心が軽いと神様が味方してくれて、いい知恵が次々に浮かぶ。それに従って動くだけだから、軽く始めても結果を出すし、やめる時もあっさりやめたように見えて、実はベストタイミングで損失を出さない素晴らしい撤退劇なんだ。
周りからは「ずいぶんツイてる人だなぁ」ってことになるけど、そこにはちゃんとワケがあるんだよ。

行く先々で患者さんが元気になっちゃう!?

恵美子　それから、これは別の方のお話です。

ある79歳の女性は、いまも老人介護施設で現役の看護師として活躍されているそうです。それだけでもすごい話ですけど、この女性が勤務する日は、面白いことが起きるんだそうです。

たとえば彼女が1階の看護を担当すると、1階のナースコールがなぜか鳴らなくなるんです。すると看護師さんは手があくので別の忙しいフロアへ手伝いに行くのですが、79歳の女性が行くと、どこもナースコールが激減するんですって（笑）。

何度繰り返してもその現象が起きて、彼女の担当するフロアだけいつも暇になるという不思議（笑）。

一人　それはすごいね、神様レベルの「ふわふわ」の持ち主かもわかんない（笑）。その看護師さんが入ったフロアは、彼女の「ふわふわ」のエネルギーでみんな元気になっちゃうんだろうね。79歳で現役看護師ということ自体、並外れた「ふわふわ」の証だと思うけど、本当に素晴らしい人だなぁ。

恵美子　見た目も79歳とは思えない若さで、とにかくお元気なんです。お仕事では自分より若い人を看護することも多いでしょうけど、ケアしてもらう患者さんにしてみれば、まさか彼女のほうが年上だとは思わないんじゃないかな（笑）。

こういう「ふわふわ」で素敵な人にはセンテナリアン（100歳以上の人。百寿者）になっていただいて、みんなのあこがれでい続けて欲しいです！

ダメな性格を輝かせることが成功のカギだよ

恵美子　そういえば少し前に、勉強会で「ふわふわ」の言霊について話した時、こんな質問があったんです。

「私はついがんばってしまう性格というか、がんばることが好きなタイプなのですが、〝ふわふわ〟と言うとがんばっちゃいけない気がして苦しくなることがあります」

一人　それは、「ふわふわ」の意味をちょっと取り違えているんじゃないかな？

心を軽くするって、別にがんばることを禁じるものではないんだよ。

がんばるのがつらい人は、「ふわふわ」の言霊でがんばるのをやめられるんだよ。

だけど、がんばるのが好きな人だったら、いまより軽やかにがんばれるとか、そういうことなんです。わかるかい？

そもそも、がんばっちゃいけないと感じること自体が重いから、それは「ふわふわ」じゃないよね。がんばっちゃいけないように感じるのは、まだあなたが「ふわふわ」言ってないからだと思うよ（笑）。

まずは先入観なしに、何度も繰り返し「ふわふわ」って唱えてごらん。言えば心が軽くなるから、がんばっちゃいけないとは感じなくなると思いますよ。

恵美子　がんばるのが向いている人は、「ふわふわ」になると「楽しくがんばろう！」と思えるようになったり、がんばることをうまく生かす方法を思いついたりするでしょうね。「もっと個性を磨くためにがんばろう」「みんなの応援もがんばろう」みたいな感じで、自分がより輝ける道へ進むためのヒントが降りてくると思います。

一人　個性というのは、あなたにそれが必要だから神様がつけてくれたんだ。その個性を生かしてこそ、成功もできるし幸せにもなれる。

がんばり屋さんもそうだけど、がんばれない人もそれはそれで大切な個性だし、せっかち、飽きっぽい、心配性……どれも素晴らしいあなたの個性なの。

みんなすぐ自分の個性にダメ出しするけど、その個性を生かすと、突き抜けた輝きを放つよ。あなた色の、世界にたったひとつの美しい宝石が光を放つんです。

その、美しい宝石になるためのキーワードが「ふわふわ」だよ。

心を軽くして、あなたの個性を認めて受け入れてごらん。うんと生かしてみな。

我慢は自分を虐待しているのと同じなんです

恵美子　ある女性が、アトピー性皮膚炎に悩んでいました。聞けば、どうやら小さい時から親御さんに「あれはダメ」「こうしなさい」って締めつけられてきたみたいで。

優しくて素直な良い子だけに、親に喜んで欲しいっていう気持ちが強かったんでしょうね。ずっと自分を押し殺して、親御さんの言いなりになっていた。自分に自由をゆるさず我慢してきたことが、アトピーの引き金になっているようでした。

一人　我慢って、想像以上に大きなストレスになるんだよ。ストレスって聞くと、すぐ「誰だってストレス抱えながら生きてるんだよ」とかって、ストレスのない人生を否定する人がいるんだけど。

あのね、それって自分へのいじめだからね。自分にはストレスのある人生しか与えないっていう虐待なんです。それくらい、自分に我慢させるのは罪深いことだよ。ただ、我慢を強いた親御さんが悪いわけじゃない。親御さんもまた、子どもの頃に締めつけられてきて、それしかわからなかったのかもしれないしね。よかれと思って、我が子に同じことをしたってことも考えられる。親だって未熟な人間だからね。

だからって子どもが我慢する必要はない。というか、我慢はダメだよ。

恵美子　その切り替えスイッチになるのが、「ふわふわ」ですよね。長年、親の言うことを聞き続けてうまく反抗できない人でも、「ふわふわ」の言葉で心を軽くすれば、親の締めつけも軽やかに交わせるようになるから。

親子関係の問題を抱えていた人が心を軽くすると、よく「親が急に優しくなった」「親が別人のように明るくなった」みたいな報告があります。こういうのはわかりやすくて、龍神様が「親の問題のない世界」に連れて行ってくれた、典型的なケースだと思います。

一人　いずれにせよ、「ふわふわ」唱えていると、いろんな問題をするっと解決できるようになる。神の言葉を使っている人は、神の目になって視野が広がるから。見えるものが変われば、心も考え方もぜんぶ変わる。

自分の未熟も受け入れられるし、ほかの人の未熟も理解できるようになるんだよ。この感覚って自分で体験してみなきゃわからないことだから、とにかく「ふわふわ」言ってごらん。変に頭で考えず、なんでもやってみることだよ。

感じ良くなれば仕事も人もお金も集まるよ

恵美子　若い女性からの質問で、「玉の輿に乗るにはどうしたらいいですか?」って聞かれたんです。ここで言う玉の輿というのは、一時的なお金持ちではなく、ずっとお金を持ち続けられる人のことなんですが。

一人　成功し続ける人と結婚するのは、神的玉の輿って言うんだよ。で、神的玉の輿に乗るために必要なのは、とにかくあなたが「感じ良くなる」ことだと思います。
感じが良いって、すごく大事なの。だって、せっかく理想的な成功者に出会ったとしても、あなたの感じが良くなければ好感を持ってもらえないからね。

恵美子　そうですね。類は友を呼ぶと言いますが、感じの良くない人には、やっぱり嫌な相手ばかり寄ってきちゃいますよね。

お金持ちだったら性格が悪くてもいいっていうのなら別ですが、誰だって性格の悪い相手とは結婚したくないですもんね（笑）。

一人　性格も顔も良いお金持ちと結婚したい人は、やっぱり感じが良くなきゃどうしようもない。いつも機嫌の良い、明るい笑顔で場を和ませる人になりな。

感じの良い人ってさ、世間にそうたくさんいるわけじゃないんだよ。つまり、感じが良いだけで人に特別感を持ってもらえるの。

感じの良い人は話しかけやすい雰囲気もあるから、相手はつい話しかけたくなる。当たり前だけど、そういう人は玉の輿に乗れるチャンスだって大きくなるよね。

恵美子　そもそも、感じの良い人は自分が成功しちゃうから、玉の輿に乗る必要すらなくなっちゃうかもしれませんね（笑）。

もちろん、夫婦2人して大成功するパターンも素敵です。

一人　感じが良いと、みんなから「あの人から買いたい」「良い話があるからあの人に教えてあげよう」「素敵な人と知り合ったから、あの人に紹介しよう」と思ってもらえるよね。そこでまた感じ良くしていると、だんだん「あの人に任せておけば大丈夫」という信用が生まれる。

恵美子　感じが良いというのは愛だから、それを続けているとアイデアもじゃんじゃん出てきますよね。愛が出るって、「愛出る→愛出や→アイデア」だから。

そういう、信用があってアイデアいっぱいの人のところには、自然に仕事も人も集まるから、お金もひっきりなしに入ってくる気がします。

そして感じの良さも、やっぱり「ふわふわ」から始まります。心が軽くない人は、逆立ちしたって感じ良くなれないと思うから。

貧乏神も「ふわふわ」で撃退できるんだ

恵美子　お金に困らないためには、いかに貧乏神との縁を切るか。神様というのは、基本的にみんな良い神様だそうですが、唯一、貧乏神とだけは距離を置くべきなんだとか（笑）。

一人　その通りだよ。みんなが怖れる死神だって、いてくれなきゃ困るんです。死んだ時に道案内をしてくれるのが死神だから、そういう意味では良い神様なんだよね。ただ、貧乏神だけは俺も縁を持ちたくない（笑）。貧乏神は悪さばかりするからら（笑）。

貧乏神ってね、「私なんか」とか「お金なんて」みたいなことを言う人が大好きなんです。どこからともなくすーっと寄ってきて、ぴたっと張りついて離れなくなる（笑）。

貧乏神にくっつかれた人は、ほかの人がいくら豊かになる話をしても、ちっとも耳に届かないんだよ。豊かな話が聞こえてくると、貧乏神が後ろからパッと耳をふさいじゃうの。

恵美子　どんなに豊かになる話をしても、理解してもらえなかったり、そもそも聞く耳を持ってなかったりすることがありますけど、あれは貧乏神に取りつかれているんですね（笑）。

一人　日本では、昔から「お金持ちは威張ってる」「お金で人生が狂った」みたいな話が多いから、お金への悪いイメージを持ってる人がけっこういるの。そういう人は、やっぱり貧乏神が近寄ってくるだろうね。

だけどそもそも、お金が悪いってことはないよ。問題があるとしたら、それはお金を悪く使う人。たくさんお金を持っていても、いつもニコニコ笑ってる人ならすごくイメージいいでしょ？ 恵美子さんみたいな「ふわふわ」で楽しいお金持ちなら、みんなあやかりたくなるじゃない。

だったら、あなたも「ふわふわ」と言っていればいいよ。

恵美子 「ふわふわ」唱えると、心が軽くなって波動も変わります。貧乏神にとって軽い波動は居心地が悪くてどうしようもないから、「こんなところにはもういられない！」って、自ら出て行っちゃうでしょうね（笑）。

しかも、「ふわふわ」を唱えれば神様に応援してもらえますから、「ふわふわ」を極めたら、お金持ちになれるかも!?（笑）

第3章

世界がひとつになる「ふわふわ」の時代

斎藤一人×柴村恵美子　対談

時代は「ワクワク」から「ふわふわ」へ

恵美子　これまでは「好きなことをしてワクワクする」のが最高で、それが幸せや成功にもっとも近いという位置づけでしたが、さらに簡単に、より早く理想の状態に近づけてくれるのが「ふわふわ」なんですね。

一人　一人さんはそう思っています。もちろん、ワクワク楽しむことはいままでと同じように大きな意味を持つけど、この世は進化し続けるものだからね。時代に合った、より上を行く新しい言霊が出てくるのは当たり前なの。

という考えで言うと、これからは「ふわふわ」の時代なんです。

恵美子　「ふわふわ」は、ただ唱えるだけでいい最強の言霊。自分を奮い立たせたり、楽しい感情になるために努力したりしなくていい、まったく無理のない言葉ですね。

誰でも一瞬でイージーモードになり、その穏やかで心地いい状態から楽にワクワクできるようになりますから。

このシンプルで簡単な言霊が象徴するこれからの時代は、「ワクワクの時代」とどんな点が大きく違ってくるのでしょうか？

一人　簡単に言えば、「肩の力を抜く時代」ということになるだろうね。

というか、すでに「ふわふわ」の時代は始まっていて、世界中で「無理はやめよう」「愛のある社会にしよう」「みんな自由に生きていい」という声が上がっているでしょ？　みんなが生きやすい社会にするための知恵もどんどん出てきてるんだよ。

これから本格的に「ふわふわ」の時代に突入すると、このムードがさらに進んで、本当に生きやすい愛で満たされた世界ができあがってくるよ。

恵美子　実際に、いまは戦争のような争いごとも減ってきているし、人権問題や差別問題などにしても、世界中でいろんな取り組みが行われるようになりましたね。自然破壊や環境汚染が深刻化するなか、地球を守ろうという優しい働きかけもいっそう大きくなっています。

確かに、もう「ふわふわ」は進んでますね！

ついに世界は地球村の完成に向けて動き始めた

恵美子　一人さんは昔から、「やがて地球村が完成する」と言い続けていますよね。

いまはまだ世界が「国」といった単位で分割されていますが、インターネットで世界の垣根がなくなってきたことからもわかるように、これからはいよいよ世界がひとつになるよって。

一人　今回のコロナ禍でもみんな痛感したと思うけど、自分の国のことだけ考えていればいいという時代は終わったんだよ。地球上のあらゆる課題や問題は、世界規模で協力し、助け合いながら取り組まなきゃいけない。そのことに、みんなが気づく時代になったんだよね。

もう国境なんて関係なくなる。ここからいよいよ、世界はひとつになるために大きく動いていく。ついに世界は、地球村の完成に向けて動き始めたんだ。

恵美子　これから世界は一丸となって、明るい未来をつくることに集中しなければなりませんね。そのひとつとしていま浮き彫りになっているのが、環境汚染や自然破壊の問題でしょう。

これまでは、人間の利潤を追求するあまり、地球に負担をかけることもありました。そしてそのことになんの疑問も抱かない人も多かったわけですが、このコロナ禍で「もっと地球を大切にしよう」という認識はぐっと広がったと思います。

コロナで産業活動が止まり、そのことで大気汚染が改善されるなど、コロナにより浄化作用が起こるという一面が見えたんですよね。いま、いっそう「自然を破壊しない産業の形を目指そう」という機運も強まっています。

一人　地球にもしものことがあれば、人間はもちろん、すべての生物は存在できなくなるからね。俺たちが「魂を成長させたい」「学びを重ねて幸せになりたい」と願えるのだって、地球あってのこと。この星を大切に守っていかなきゃいけないよね。

恵美子　私は、一人さんが地球を思いながらつくったこの詩が大好きで。

「花があり　水があり　歌がある　私はまた天国に生まれた」

広い宇宙のどこを探しても、地球のように美しい星はありません。

私たちは、この天国のような星に生まれたことに感謝し、いつまでもこの星が輝き続けるよう大切にしなきゃいけませんよね。そうすれば、自分がまた生まれ変わった時も気持ちよくこの星で過ごせるから。

そのためにも、１人でも多くの人が「ふわふわ」になることを願っています。

進化するなかで「個」を磨く原点回帰

一人　世界は、21世紀に入った時「魂の夜明け」を迎えました。魂の夜明けというのは、喜びから行動することで幸せになる時代に転換したという意味です。

俺たちはもう、自分の魂の喜びに従うことで生成発展し始めているんです。みんな自由に好きなことをしていいんだよ。個人が、自由に人生を楽しむことで幸せになる時代なんだよね。

ひとりひとりが、それぞれにふさわしい「ふわふわ」の人生を歩む。

でね、ちょっと面白い話なんだけど。いまのこの「個の時代」についてもう少し言及すると、時代をうんとさかのぼって縄文時代の話になるんだよ。

恵美子　縄文時代って、いまから1万年以上も前の、あの縄文時代!?

一人　そうだよ（笑）。縄文時代には、土器が使われるようになったり、竪穴式住居で集落がつくられたりするようになったと言われているんだけど、ざっくり言うと個の時代だったの。

当時の人たちは、狩りやなんかをしながら、自分が食べていくことで精一杯だった。社会もなければ集団生活もないから、貧富の差も目立たなかった。家族単位の小さな集まりのなかで、基本的には自力で生きていく暮らしが1万年ほど続いたそうなんだよ。

その後、弥生時代に入り、ここでようやく人々は大きな単位で生活するようになります。クニ（いままで言うところの町や村）ごとに民衆をまとめる「長」や「王」が出てきたり、戦争が始まったりと、個の時代が終わって集団の時代に移っていった。

恵美子　なるほど！　つまり、いま大きく世の中が変わって個の時代に入ったのは、原点回帰と言えるわけですね。

一人　ただし、個の時代に戻るといっても、縄文時代とまったく同じになるわけじゃないよ。進化するなかでの「個」なの。

いまの時代の個は、大衆のなかでどう自分を表現していくかってことが肝になります。要は、どれだけ自分の個性を磨けるか。個性をいかに魅力に変えるかが勝負。

それが新しい時代で幸せになる秘訣なんだけど、縄文時代を振り返ってわかるように、もともと人間は個で生きてきた。それを踏まえると、個の時代はすごく居心地がいいというか、ふわっとした安心感のなかでいろいろなことに挑戦できる時代とも言えるよね。

恵美子　そこでまた大きなキーワードになるのが、「ふわふわ」ですね。

一人　そういうこと。でね、これから1000年続く「ふわふわの時代」はまだ始まったばかりなの。つまり、いまが一番面白いところなんだよね。

誰よりも先に、新しい時代を先取りできるんだ。

あなたは、すごくツイてるよ。

自分で考え、自分で肩の荷を下ろす時代なんだ

恵美子　最近、一人さんはよく「これからは自分で考えなきゃいけないよ」というお話をしてくれるのですが、私自身も、これは本当に重要だと思っていて。

一人　昔は全体の足並みを揃えることで経済を発展させる必要があったから、なか

なか個人の自由がゆるされなかった。だけど経済が発展し、社会も成熟してきたら、次は個人が自由に幸せを求める時代になるの。それが、いまの個の時代です。でもね、個の時代には自由がゆるされると同時に、かつてのようになんでも人が教えてくれるわけじゃない。

全体の足並みをそろえる時代は、みんなが同じ答えでよかったから、親や先生がなんでも教えてくれたけど、自由な世界では人それぞれ答えが違うんです。どうすれば幸せになるかは千差万別だから、自分で考えたことを試行し、そこで得た学びを次に生かしてまた行動する……というのが成功のカギなの。

恵美子　自由度が高くなればなるほど、人は「考える」ことが求められますよね。

一人　もちろん、はっきりした答えがあることは、コンピューターで調べたらいい。ケータイやパソコンで検索すれば即座に答えが出るものを、わざわざ何時間もかけて自分で考えろと言ってるわけじゃないんだよ（笑）。

人生で直面する問題や、どうすればより自分が成長できるかという課題みたいなことは、人それぞれ正解が違うの。

それを、ちょっと検索したらすぐ答えが出る環境に慣れちゃってるせいか、人それぞれ答えが違うことでも自分で考えようとせず、すぐ誰かに答えを聞きたがる人がいるんだよね。

ここは愛のムチだと思って聞いて欲しいんだけど、あなたに必要な答えは、一つひとつあなた自身で探すしかないよ。そして見つけた答えを、自分で魂の記憶に積み重ねていくしかない。わかるかい？

恵美子　一人さんにも日頃からさまざまな質問が寄せられますが、たまに、質問に次ぐ質問で困っちゃう人もいますね（笑）。

一人　俺に聞くのもいいんだけどさ、その人が置かれている状況や性格もよく知らないのに、一人さんがビシッと答えを出してあげられるわけがないんだよ。それに、人生で壁にぶつかるたびに俺に相談するわけにもいかないでしょ？　俺だって、けっこう忙しいしね（笑）。

だったら、自分で考える力をつけるしかないじゃない。自分で神の知恵を出せるようになったら無敵だし、大安心だよ。

恵美子　いままで何十年にもわたり、一人さんは私たちにたくさんの考え方を教えてくれました。心を軽くするコツ、笑顔になる秘訣、魅力的になれる方法など幸せの道へ進むヒントを、それこそあらゆる手段で示してくれましたね。

これからは、それらの知恵を使って自分で考え、自分で肩の荷を下ろす時代です。

あなたを強力にサポートしてくれる「ふわふわ」の言霊を唱えて、自分の力で、心を軽くしていけばいいんですよね。

いまこそ俺たちの出番だよ

恵美子　いまだから、一人さんに聞きたいことがあって。それは、かつて一人さんがつぶやいたこの言葉についてです。

「地球村が完成する過程では、いろんなことが起きる。そこでみんな学んでいくけど、大きな学びの時にはちょっとしたお試しがくるかもしれない」

確か25年くらい前に聞いたお話なのですが、最近、ふと思い出して。いまの時代がそうなのかな……？

一人　なんとなくそう感じたの。ただ、起きたからにはみんなで学ぶほかないんだよ。経済的な問題にしたって、これから先のことをよく考えて、しっかり知恵をつけなきゃいけない。

それはそうなんだけど、いまはタイミング的に苦しい人も多いよね。いまこの瞬間にお金の問題で行き詰まっているると、のんびり学んでいる余裕なんてないかもしれない。今日明日の危機をどう乗り越えるかっていう問題に直面している人は、とにかくその問題をなんとかしなきゃいけないからね。
　という意味では、いまこそ俺たちの出番なんだ。

恵美子　えっ、私たちの出番ですか!?

一人　俺たちが、ますます気前よく税金を払うの。困っている人たちの助けになろうと思ったら、まず国にその力がなきゃいけないよね。ただ、いまみたいな未曽有《みぞう》の危機下では支出ばかり増えるから、国も苦しいんです。
　こういう時は、しっかり国に納税し、豊かな企業や俺たちが困っている人たちの力にならなきゃいけないんだ。

恵美子　なんていう男気……　いま、全身に鳥肌が立ちました！

そもそも一人さんは、起業した当初からずっと「税金は気前よく払うんだよ」「節税なんて考えなくていい、たくさん稼いでじゃんじゃん税金を納めな」っていう考え方だから。

もちろん私たち弟子も、そんな一人さんの教えを受けていますから、節税せず、気前よく税金を納めています（笑）。

一人　俺たちは、この日本という国で商いをさせてもらっているんだよ。みなさんに商品を買っていただいて、こうして豊かにさせてもらっているんです。

そうやっていただいたお金で税金を払い、道路や橋をつくってもらったり、警察官に治安を守ってもらったりするのはうれしいことだよ。感謝の気持ちで気持ちよく税金を払うのは、俺にしてみれば当たり前のことなの。

恵美子　そしていまみたいに国が危機に瀕すると、一人さんのように「自分が商人として国のお役に立てることがあるんだったら……」っていう心意気を見せるってすごいですね。

実は一人さん、コロナ禍になった当初、弟子である私たち社長みんなに「ますます仕事に気合い入れるぞ」って言ったんですよね。そんな鼓舞の結果、私たちの会社はグンと売上を伸ばし、ありがたいことに、例年を上回る納税をさせていただけました。

困ったことなんて起きないんです

恵美子　一人さんの口ぐせと言えば、「困ったことは起きないよ」というメッセージですね。表面的には困ったことのように見えても、それはあなたを苦しめるための問題じゃない。学びのチャンスなんだよって。

一人　困ったことが起きた時ってね、必ずそこに学びがあるの。その困ったことは、天国にいる時に自分で決めてきたシナリオでいうところの「学びのステージ」なんだよね。つまり、その問題に隠されている学びを発見しさえすれば、困った状況は面白いくらいにパッと解決する。

恵美子　その時に、心強いサポーターになってくれるのが「ふわふわ」なんですね。おまじないのように「ふわふわ」って言うだけで心が軽くなり、冷静に解決の糸口が見つけられますから。

一人　この世には、「困った、困った」って悩まなきゃいけないことなんてないんだよ。

恵美子　それを知らずにいるといちいち悩んじゃって、その重苦しい波動が、余計に厄介なことを引き寄せるんですよね。

一人　どれだけ深みにはまっていたとしても、「ふわふわ」って言えば這い上がれるよ。マイナス1000だろうがマイナス1万だろうが関係ない。「ふわふわ」唱えた瞬間から、勝手にどんどんプラスの方向に転がっていくからね。

恵美子　まさに魔法の言葉で、ちょっとした気持ちの落ち込み程度なら、「ふわふわ」で一発解決する人が続出しています。「〝ふわふわ〟と唱え始めたら、いままで避けてばかりだった自分の課題に対して、すごく前向きな気持ちになれました！」みたいな報告は、もう数えきれません。

「ふわふわ」ってこんなに可愛らしい響きなのに、なんていうパワーワードなんだろう……。

一人　可愛いのにすごいぞっていうのもまた、「ふわふわ」の魅力だよね。

一人さんは、1分1秒でも自分に嫌な気持ちをさせたくないと思っているの。そんなことが可能なんですかって、いままでは難しかった人でも、「ふわふわ」があればできるかもしれないね。

でね、そういう人が家のなかに1人いれば家庭は明るくなるし、会社に1人いれば、その人を中心に「ふわふわ」が波紋のように広がって、上司も部下も、社長もみんな「ふわふわ」になるんです。

そんな「ふわふわな会社」が世の中に1つでもあれば、ガンガン売上を伸ばすからほかの会社も真似し始めて、次々に「ふわふわな会社」ができる。もちろん、「ふわふわな人」も増える。

そうやって世界に「ふわふわ」が広まれば、地球村が完成するよ。

愛と光の「ふわふわ族」になってごらん

恵美子　ある人が、こんな感想を寄せてくれました。

「最近、私はいくつか新しいことを始めたのですが、はじめてのことばかりで思うようにいかず、ずっと重苦しい気持ちでいました。そんな時、一人さんの新しい言葉〝ふわふわ〟を唱えてみたところ、悲しいわけでもないのに涙が止まりません。ただ、泣いた後はスッキリして、それからは落ち着いて自分と向き合えるようになりました」

これはきっと、重くなっていた心を涙が洗い流してくれたんでしょうね。涙には浄化の意味がありますよね。

一人　そうだね。俺たちは、もともと愛と光の存在なんです。龍神様の背中に乗ってこの世に生まれてきた時には、愛と光でまぶしいくらいに魂が輝いていたんだよね。ところがこの世で生きているうちに、その愛と光を忘れてしまう。世間の間違った常識や、周囲のネガティブな波動で心に汚れがくっついて、魂が輝きを失ってしまうの。そうすると、本来の輝きが出せなくて苦しくなるわけです。

でもね、「ふわふわ」って言えば魂が磨かれる。心にくっついた汚れも落としてくれるから、再び愛と光で輝き出す。本来の自分に戻れるんだよね。

その時に涙が止まらなくなる人もいるんだけど、それは恵美子さんが言ったように浄化の涙だから、心配しなくていいですよ。


恵美子　本来の自分から長くかけ離れた生き方をしてきた人ほど、愛と光の存在に戻った時の感動は大きいですよね。これからは「ふわふわ」で、もっともっと自分を大切にして欲しいですね。

目指すは、ふわふわが得意な「ふわふわ族」になること。みんなでますます「ふわふわ」ムードを高めたいですよね♪

ところで一人さん、「ふわふわ族」には、パッと見てすぐにわかる特徴はありますか？

一人　まず、スカッと明るい人だよね。愚痴や悪口なんて言わない、楽しい話ばかりする人。軽やかで柔らかい、愛がにじみ出てるイメージもあるね。

まぁ細かいことを考えなくても、「ふわふわ族」がいるとその場のムードが軽くなるから、たぶんすぐにわかると思うよ。「ふわふわ族」のなかでも達人級になってくると、ブスっとしてる人まで瞬時に笑顔にしちゃうからね（笑）。

それくらい、「ふわふわ」には人の心を軽くする力がある。

「ふわふわ族」の周りにいる人はみんな穏やかな気持ちになるから、「この人と一緒にいると平和だなぁ」ってすごく安心感が得られるよね。

恵美子　それ、一人さんのことです！　考えてみれば、一人さんほど人を平和な気持ちにする人はいませんね。まさしく、「ふわふわ族」を代表する「達人」でしょう。一人さんみたいな人を見かけたら「これはふわふわ族だな」って思えばいいですね。よし、アンテナを立てておこう♪

これは余談ですけど、昔、一人さんがある男性とやり取りをしていたのがすごく面白くて。

その男性、滝行を体験したそうなんです。それで、「滝に打たれるのって、頭や体をハンマーで殴られているんじゃないかと思うほど痛いんです。すさまじい修行です」と話していたら、一人さんがこう返したの。

「あのさ、会社の上司だってなかなかの滝だよ。〝今日も上司の滝に打たれに行くか〟って会社に行ってみな。すごい修行だから（笑）」

滝行みたいなつらい修行はしなくても、上司という滝に毎日打たれていると思えばいっぱい学びがあるし、そういう気持ちで会社に行くと楽しいよって。

一人さんの話はやっぱり最高に面白いなぁって、お腹を抱えて笑った私です（笑）。

みなさん、こういうのが「ふわふわ」ですからね～（笑）。

一人　それはずいぶん懐かしい話だな。俺ももう忘れかけてたよ（笑）。でもね、これからの時代、そのことで学んで、やがてその人も「ふわふわ」になっていくよ。

恵美子　1000年続く「ふわふわの時代」は始まったばかりですから、まだまだ変われない人も世間にはたくさんいますけど、１０００年後に向けて、確実に変わっていきますね。

一人　そうだなぁ……あなたがあと2〜3回生まれ変わった頃には、ばっちり「ふわふわ」の世界が完成しているんじゃないかな。

そう思って、楽しみにしているといいよね（笑）。

集合意識がこの世に投影されるんだ

恵美子　一人さん、言ってたよね。世の中が本格的に「ふわふわ」の流れになると、まず争いごとが減る。そしてコロナみたいな打撃の大きい現象が起きたとしても、「このことからはいいことしか起きない」という考え方が中心になるだろうねって。

みんなが、未来は明るいと信じられるようになる。

実際に過去の例を見ても、そう信じた人は豊かになってきましたね。

たとえば戦争が起きた時、この国は焼け野原になって、大勢の人が絶望感を抱いた。もう日本はダメだっていう、あきらめのムードでいっぱいになった。

そんななかで明るい未来を思い描いた人が「このことから、ますますよくなる」と信じて、焼け野原になってしまった土地を買い集めたんですよね。日本はいままで以上に発展すると信じて、「ここだ」と思う土地を、借金してでも買った。

それから時が流れ、土地を買った人たちは大富豪になったんです。一等地に広大な土地を所有している人というのは、もちろん目利きだからってこともあるだろうけど、最初は「明るい希望」から始まっているんだよって。

一人　世の中は、生成発展し続ける。そう思える人たちが、いつも次の時代をつくってきました。だったら、これからはじまる「ふわふわの時代」は、俺たちの手でつくっていきたいよね。

恵美子　せっかくこのタイミングで地球にいて、いち早く「ふわふわ」の言霊を知ったのですから、こんな楽しいことに挑戦しない手はありません。

一人　そうだね。「ふわふわ」も、最初は俺しか知らない言葉だったわけだけど、恵美子さんやほかのお弟子さんたちがみんなに伝えてくれたことで、一気に数千人規模で広まったんです。そしてこの本を通じて、さらに広がる。

言霊というのは、１人より１００人、１００人より１０００人……と大勢で唱えることで、世の中に与える影響も１００倍、１０００倍と大きくなる。１万人が「ふわふわ」言い出した場合、１万人の「ふわふわ」意識が、集合意識になるの。

恵美子　集合意識はワンネスとも言われたりしますけど、ようするに、「みんなの魂はひとつでつながっている」ということを表しますね。魂の声に従って生きる「ふわふわ」の状態になると、この集合意識にアクセスしやすくなるから、いろんな知恵や発想がバンバン降りてくるという考え方もできますね。

まるで巨大な脳が高いところにあって、その脳を人類みんなで共有しているイメージ。その脳内で「ふわふわ」の割合が大きくなればなるほど、この世では「ふわふわ」を投影した出来事が現実として起きます。

だから、1人でも多くの人が「ふわふわ」唱え始めると、急激にいい流れになっていく。「ふわふわ」が大きなエネルギーを生んで、みんなをもっと「ふわふわ」にする現象を、この世界に実際に起こしてくれるんです。


一人　江戸時代なんかは、いまに比べるとずいぶんお堅い社会だったわけだけど、それはまだ集合意識が堅かったからだよね。堅いエネルギーのほうが大きかった。

といってもそれが悪いわけじゃなく、江戸時代には堅さが必要だっただけなの。

ただ、時代が変わって魂の夜明けを迎えたいまは、「立派」「真面目」よりも、「ふわふわ」「楽しい」にシフトしたほうがいいってことだよね。

そうなることでみんな幸せになれるし、この世界もさらに生成発展するんだ。

第4章

一人さんがズバッと回答！

～もっと「ふわふわ」を極めるQ＆A～

Q1 「ふわふわ」の効果が出やすいのはどんな人ですか？

「ふわふわ」の言霊で、効果の出やすい人と出にくい人の違いがあるとしたら、それは「言っているか、言ってないか」だと思います。

この言霊を信じて楽しく唱えていれば、なにかしらいいことがあるだろうし、なにもいいことが起きないのだとしたら、それはまだ唱えていないだけだと思いますよ。

嫌味で言うわけじゃないんだけど、いくら「いい言葉だから言ってみな」とアドバイスしても、なぜかやらない人っているんです。

で、そういう人に限って、効果があるだのないだの、何回言えば効果が出るとかどうとかってことばかり気にする（笑）。

効果のことを考えるより前に、まず言ってみなって。自分で行動してみたら、どうなるかわかるから。ただ言えばいいだけなの。簡単だからやってみたらいい。

この地球は行動の星。「ふわふわ」言った人だけが体験できるんだ。

あとね、こういうので一番よくないのは嫌々やることなんです。

義務感で唱えるとか、「こんなに言ってるのに良いことが起きない」という焦りや否定の感情しか込められないんだったら、無理にしないほうがいいと思います。

そういう人は、別の方法で幸せになるのが向いているってことだからね。

もちろん楽しく唱えられたらそれがベストだけど、いま気が重い人にとっては、いきなり楽しむのは難しいと思います。だから、とにかく「ふわふわ」を単なるおまじないだと思って、意味なんて考えずに唱えたらいいよ。

まずは余計なことを考えないのが一番です。

Q2 どのくらいで「ふわふわ」の効果を感じますか？

人それぞれ考え方や心の状態は違うから、「これはいいことが起きた」と感じるまでの時間には個人差があるだろうね。極端な話、1回言っただけでいきなり効果を実感する人もいれば、100回、1000回……と回数を重ねても、なかなかピンとこない人もいます。

汚れた水がいっぱいたまってるコップにきれいな水を少し注いでも、すぐにはきれいにならないでしょ？　人の心もそれと同じなの。バケツをひっくり返すように、いっきに心の汚れを捨て去ることは難しいんです。

だけど信じて唱え続けたら、きっと心が軽くなるよ。ちょっとずつ浄化される。

ちなみに一人さんの場合は、「ふわふわ」っていう言葉の響き自体が、すでに柔らかくて心地いいんです。それだけで、もうじゅうぶんいいことが起きた気がするの。

こういう人にとっては、「ふわふわ」の効果は即座に感じられるってことになるよね。

Q3 効率的に心が軽くなる秘訣はありますか？

効率が上がるかどうかはわからないけど、嫌なことがあった、心がモヤモヤする、なんだか体調がすぐれない……そんな時は、即座に「ふわふわ」って唱えたほうがいいよね。素早く対処することで、心が軽くなるのも早くなると思います。

それと、「ふわふわ」を意識したり、考えたりする時間を長くすることかな。

綿あめとか、空に浮かぶふわふわの雲をイメージしたり、ぬいぐるみやタオルなどのふわふわグッズを愛用したり、犬や猫のようにふわっとした毛のペットを可愛がったり、自分へのご褒美にふわふわのケーキを食べたり……そういうことからも「ふわふわ」に通じやすいと思うから、日常に取り入れてみるといいよ。

もし「ふわふわ」という言葉が言いにくければ、アレンジしてもらってもいい。「ふわふわだね〜」「ふわふわ大好き」とか、なんでもいいからとにかく唱えることだよ。

でもね、別に回数にこだわる必要はないし、いつ、どんな時に言えば効果が上がるとかっていうコツみたいなものもありません。コツがあるとしたら、さっきも言ったように、とにかく嫌々言わないことです。嫌だったらやめること。

あなたが楽しく唱えるのがベストだし、あなたに合っていればどれも正解だからね。

Q4 なぜ心が重いと龍神様の背中に乗れないのですか？

これは一人さんの考えだから、間違っていたらごめんなさいだけど。龍神様って軽やかな存在だから、重苦しい人は単に嫌いなんだと思います（笑）。

というか一人さんだって心の重い人は嫌だし、そういうあなただって、愚痴や悪口ばかりの重苦しい人は嫌いでしょ？（笑）

あなたですら嫌なものを、龍神様が好きなはずがないよね（笑）。

タクシーの運転手さんだってさ、明るいお客さんと暗いお客さんがいたら、明るいお客さんを乗せたいんだよ。暗いお客さんは嫌なの。お金をもらう仕事ですら、そういう好みはあるんです。

その点、龍神様の場合はお金を取らないからね。タダで乗せてくれるんだよ。だったら、せめて好みくらい言わせてもらいたいんじゃないかな（笑）。

Q5　人の分まで「ふわふわ」唱えてあげられますか？

ある人から、こういう質問があって。

「大切な人に〝ふわふわ〟の言霊を教えてあげたいのに、相手は言霊のような不思議な話を信じられないタイプです。大切な人なので幸せにしてあげたいのですが、相手の分まで、私が唱えてあげることはできますか？」

これは突き放すわけじゃないんだけど、相手のことはわからないんです。一人さんが知っているのは、

「唱えた人の心が軽くなる」
「唱えた人が愛で満たされる」
「唱えた人が幸せになる」

ということだから、人の分まで唱えられるかどうかは答えようがない。

でもさ、考えてみな。お腹が空いた時は、自分でご飯を食べるものでしょ？あなたがお腹いっぱいになったからって、隣でお腹を空かせている人まで満腹になりますかって、そんなわけがない（笑）。

隣の人もお腹が空いているのなら、その人も自分でご飯を食べるしかないよね。

その人の分まであなたが食べたって、あなたのお腹が余計に膨れるだけで、隣の人のお腹にはまったく関係ないんです（笑）。

こういう精神論は、基本的にそういう認識でいるといいよ。

特にいまは個の時代だから、幸せになりたい人は自分で行動しなきゃいけない。幸せは人にしてもらうものじゃなく、自分でなるものなんだ。

ただ、あなた自身が「ふわふわ」でいい波動になれば、その波動は当然、周りの人にもいい影響があります。あなたが自分のために「ふわふわ」唱えることで、大切な人も幸せになるよね。

それにいいことって、見本が大事なんです。人は、ほかの人が幸せそうにしているのを見ると、「自分もこうなりたい」ってあこがれるの。そうすると勝手に真似しだす。あなたが教えなくても、相手は自分から幸せになろうと動き出すよ。

いずれにしても、あなた自身がまず幸せになることですよ。

Q6 天国言葉や、いままでに一人さんが教えてくれたほかの言葉と「ふわふわ」に違いはありますか？

天国言葉というのは、

「愛してます」
「ついてる」
「うれしい」
「楽しい」
「感謝してます」
「しあわせ」
「ありがとう」
「ゆるします」

という8つの言葉が柱なんだけど、自分も人も聞いていていて心地いい、笑顔になる言葉はぜんぶ天国言葉だと思っていいです。

一人さんがいままでみんなにお伝えしてきた言葉にも、

「大安心」

「大丈夫」

「ワクワク」

「大笑い」

「なんとかなる」

「まぁいいか」

などの楽しい言葉、元気になる言葉、明るい言葉がたくさんあるけど、こういうのもぜんぶ天国言葉なの。


で、これらの天国言葉と「ふわふわ」にどんな違いがありますかって、一人さん的には特にありません。どれも私が好きな言葉だというだけで、比べるものじゃないんだよね。

いまは、とにかく「ふわふわ」言っていればいいよ。

Q7 「ふわふわ」で意志力は高まりますか？

意志力というと、世間では「決めたことを曲げない力」「最後までやり抜く力」みたいな強固なイメージがあると思います。絶対変えちゃいけないっていう、苦しさとか我慢がにじみ出ている。

だけど意志力って、本来は「自分が志《こころざ》したことを実現しようとする力」という意味なの。絶対しなきゃいけないとか、途中でやめちゃいけないとか、そんな重く固いイメージとは違います。意志力は固くなくていいんだよね。

それどころか、一人さん的に言うと、意志力って柔らかいものだと思います。「ふわふわ」が正解。

だって、志って「自分のしたいこと」でしょ？　つまり、自分の好きなことです。

好きなことは、生きていればころころ変わるものなんだよ。

子どもの頃はおままごとやかくれんぼが大好きでも、たいていの人は、大人になったらそういう遊びはしなくなるでしょ？　それと同じように、人は時の流れとともに興味も好みも変わるんです。

経験するたびに、「前よりもちょっと難しいこと」「少しレベルの高いもの」に目が向くのは人間として当たり前のことだから、好きなことも変われば、したいことも変わっていく。

その流れに「ふわふわ」と身を任せ、その時自分のしたいことを全力で楽しめばいいんじゃないかな。というのが一人さんの考えです。

好奇心旺盛な人ほど、意志はころころ変わる。ということは、意志力も柔らかく「ふわふわ」じゃなきゃつらいでしょ？

意志はころころ変わるのに、「最初の目標から絶対変えちゃいけない」ってことになると、もうそこに意志はないわけだから、意志力もなにもない（笑）。ただの我慢大会だよね（笑）。

そういう意味では、「ふわふわ」の人は自分の志にいつも柔軟でいられるから、意志力も高まると言っていいと思います。

Q8 「ふわふわ」で人生にハリや潤いが出ますか？

これも言ってみたらわかるから、気になる人は自分で試してみたらいいよ。

その上で一人さんの考えを言うと、「ふわふわ」で心が軽くなれば、それだけで潤いが感じられるんじゃないかな？　「ふわふわ」になったことでワクワクする気持ちが芽生えたら、それは人生にハリが生まれたのと同じだと思うよ。

どういうのがハリや潤いかは、人によって感覚が違うだろうけど、一人さんはそう思っています。

ちなみに……ハリといえばしなやかなイメージがあります。強いけど、柔軟性もあわせ持っているというか。これはまさに、龍神様そのものだよね。

それと、潤いは水を連想させるから、こちらも龍神様に関係しています。

という意味では、「ふわふわ」はハリや潤いにもつながるんじゃないかな。

Q9 「ふわふわ」でよく眠れ、1日元気にがんばれますか？

一人さん自身のことを言えば、昔から寝つきのいいほうだし、ぐっすり眠って朝の目覚めもたいていすっきりしています。毎日遊びに行けるくらい、元気もある。で、もともと一人さんは「ふわふわ」な生き方をしているから、そのおかげですかって聞かれるとそうかもしれないね（笑）。

ただ、ほかにも「ふわふわ」を唱え始めた人から睡眠に関する報告はあって。

「毎日、決まった時間に眠くなるようになりました。寝つきが良くなり、どこで寝ても熟睡できます。朝起きた時に、〝深い無の状態だったなぁ〟〝ふわふわの雲の上で寝ているような心地良さだったなぁ〟と感じますので、睡眠の質がグッと向上したのだと思います。

朝はたいていい3〜4時に愛猫に起こされますが（笑）おかげさまで目覚めも良く、毎日元気に過ごしています！」

もちろん、全員に同じような効果があるわけではないと思いますが、「ふわふわ」言っていると快眠につながる情報が入ってきたり、いい寝具に出会えたり……みたいな形で役立つかもしれないので、まずは「ふわふわ」唱えてみるといいですよ。

第5章

実際に起きた「ふわふわ」の奇跡

～全国のみなさんから寄せられた「ふわふわ」体験談～

1200万円減った売上を1日で取り戻せた！

大阪府・藤田直也さん（50代）

私は大阪で製造卸業を営んでいますが、コロナ禍でもそれほど売上が落ち込むこともなく、ありがたいなぁと感謝していました。いままで一人さんの教えを学んできて、さまざまな天国言葉を毎日のように口に出して言っていましたので、その言霊に助けられてきたのだと思います。

ところが、今年の4月頃に大阪でコロナ感染者が急増。それに伴い緊急事態宣言が発令されると、ついにうちの会社も打撃を受けてしまいました。5月の売り上げは前年比マイナス40％で、1200万円の売上ダウン。これは大変なことになったと焦りました。

その時思い出したのが、「ふわふわ」です。この新しい言霊については少し前に聞いていたものの、忙しさにすっかり失念しており、言いそびれていたのです。

すぐさま「ふわふわ、ふわふわ……」と祈るように唱えてみると、なんと、その翌朝、減少した1200万円とぴったり同額の注文が！

しかも、この受注がなければ1200万円分の大量の商品を倉庫に預けることになっていましたので、すぐに納品できたおかげで倉庫代まで浮くことに。倉庫代も決して安い金額ではありませんので、その点でも大助かりです。

たった1日で問題が解決するなんて、本当に「ふわふわ」は奇跡を呼ぶ言霊ですね！

これからも「ふわふわ」の言霊を信じ、毎日楽しく唱えたいと思います。

一人さんからひと言

この方はもともといろんな言霊を信じていて、口癖のように天国言葉を使っていたんだよね。毎日、自分にも周りの人にもいい言葉で愛を出していた。

そういう人が、神様に好かれないはずがないんです。だからコロナ禍でも売上を落とさず、順調に商いができたんだろうね。で、不意に売上が落ち込んだ時も、神様が味方してくれているから、「ふわふわ」で即座に助けられたの。みんなは「奇跡なんてそう起きるものじゃない」と思うかもわかんないけど、起きるところにはずっと起き続けているものだよ。

乱暴な子どもがたちまち天使に戻り……

長野県・井口幸枝さん（50代）

保育園で保育士をしている私の悩みは、近年、衝動的に危険な行為に出たり、突発的に想定外の動きをしたりする子どもが増えていることです。

ちょっとした刺激に大声で泣き叫ぶ。反射的にお友だちに手を出してしまう。そのような自分を抑えられない子がいったん興奮すると、私たちがどんな言葉をかけても耳に入らなくなり、誰かが怪我をしないかと心配が尽きません……。

でも最近は、不思議と子どもが落ち着く言葉があります。

それは、「ふわふわ」です。

子どもの興奮スイッチが入って暴れても、「ふわふわ〜」「大丈夫だよ〜」という声がけとともにぎゅっと抱きしめ、優しく背中をさすってあげると、魔法をかけたみたいにすうっと落ち着くのです。それまでどんなに荒れていても、「ふわふわ」の合図で、みんな元の可愛い天使ちゃんに戻ってくれます。

正直言うと、いままでは子どもたちを落ち着かせるのが難しく、私も心苦しさを抱えていました。それが、この「ふわふわ」の言霊は即座に子どもたちの魂に届くため、私自身も子どもたちとの関わりがとても楽になり、毎日笑顔でお仕事をさせてもらっています。

こんなに愛が伝わるなんて、言霊の力ってすごい！

一人さんからひと言

子どもは体が小さいから大人より未熟だと思う人がいるけど、魂のレベルは大人のずっと上をいっているんです。大人よりも大事なことをたくさん知っているし、「ふわふわ」の言霊やなんかも敏感に感じ取れるの。

自分の口では「ふわふわ」が言えなくても、周りの大人が唱えるのを聞くだけで言霊の力を受け取れるから、お子さんのいる方は、日ごろから「ふわふわ」と語りかけてあげるといいよね。

「ふわふわ」の言霊は、魂にとってご馳走。子どもの魂が大喜びしますよ。

気づきの連続で友人との絆が深まり問題も解決

長崎県・枚田満帆さん（40代）

友人女性から相談を持ちかけられたので、私なりにアドバイスしたところ、その内容が友人の癇《かん》に障《さわ》ったのか「もう話したくない。帰って」と言われてしまいました。友人の言葉に、私も「せっかく話を聞いてあげたのに、なによ！」という感情的な気持ちになり、そのまま喧嘩別れに……。

家に帰っても、怒りや残念な気持ち、寂しさの入り混じったモヤモヤ感でいっぱいのまま。この苦しさを少しでも楽にしたいと、「ふわふわ」の言葉を唱えました。

何度も何度も唱えているうちに、不思議と心が落ち着き、冷静になっていきます。

そして気づくと、「こういう時に明るく、楽しくなれる考え方ってなんだろう？」と考えていたのです。

「そうだ、掃除と洗濯だ！」そう思いついた私は、洗濯機を回しながら、家じゅうをきれいに磨き上げました。換気扇までピッカピカです（笑）。

掃除が終わる頃、ふと気づきました。

「あっ、彼女はいま学んでいるところなんだ！」

すると次の瞬間、友人を心から愛おしく感じている自分がいたのです。「彼女も心に余裕がなかったんだよね」「一生懸命、彼女なりに考えているんじゃないかな」「いろいろあって大変なはずなのに、よくがんばってるよね」といった、友人に寄り添う気持ちがあふれます。友人を応援しよう、彼女だったら大丈夫、幸せを祈ってあげようと思いました。

こうして友人への温かい気持ちで満たされると、今度は「私自身も、自分を大切にしよう」という自分への愛が湧いてきて、優しい気持ち、穏やかな心を取り戻せたのです。

そんな私の波動が伝わっててか、数日後には友人から「ごめんなさい」という謝罪の電話があり、無事に仲直りもできました。また、その直後には友人を悩ませていた問題までスカッと解決したという報告があり、2人で喜び合ったのです。

今回の件では、友人との絆がぐっと深まった気がしています。それもこれも、「ふわふわ」でたくさんのインスピレーションや気づきをもらえたおかげ。感謝しています！

一人さんからひと言

人間関係でトラブルが起きた時は、相手に対して「この人はいま学んでいるんだな」と思えるかどうかで、その後の展開は大きく違ってきます。相手が学びの途中だと思えば、それを応援しようという気にもなるから、相手への苛立ちや不満も小さくなる。大きい気持ちで見てあげられるんだよ。

こういうのを、神的視点と言います。で、その視点を得られたこと自体、あなたの学びなの。

相手も学ぶし、あなたも学ぶ。２人が学んで魂を成長させたら、もうその出来事からは学ぶ必要がないから、あっさり問題が解決するんです。

いい形で学び、友達との絆も深められてよかったね。

ギスギスしていた人間関係が驚くほど良好に

北海道・渡邉皓仁さん（40代）

私は力仕事の職場で、主任として現場をまとめています。これまでは男性ばかりの職場でしたが、今年から60代の女性が派遣されてきて、一緒に仕事をすることになりました。私は「こういう現場でも男女関係なく働ける時代になったんだなぁ」と思いながら女性を迎えました。

ところが、ある親方さんは「女にできる仕事じゃないだろ！」「女は使えねぇ！」とご立腹。ほかの仲間たちからも「女性は一人前の仕事ができないから半人前。こっちの負担が大きくなる」といった不満が漏れ聞こえてきます。

そんなムードを察知し、当の女性も「私が足を引っ張っているんですね、すみません……」と委縮してしまいました。

会社からはその女性とうまくやるよう指示があり、中間管理職のような立場にある私は、上からの圧力や下への気遣いで神経をすり減らす毎日。

そんな時に「ふわふわ」の言葉を教わり、「これだ！」と思った私は、毎日のように現場で口に出してみたのです。

「みんな、ふわふわがんばろうぜ！」

「ふわふわで行こうよ！」

「嫌な言葉は使わないようにしてさ、笑顔で〝ふわふわ〟を口癖にしよう！」

もちろん私自身も、「ふわふわ、ふわふわ……」と唱え続けました。

すると、みんな最初は「〝ふわふわ〟ってなんだ!?」みたいな顔でしたが、次第に表情が明るくなり、「わかりました！」「がんばります！」と笑顔を見せてくれるようになったのです。そればかりか、口の悪かった親方さんまで「あのおばちゃん、がんばってるよな。俺はただ、女性にキツい仕事をさせるのが嫌だっただけなんだよ」と胸の内を明かしてくれたのです。

こうしてギスギスしていた人間関係がうまくまとまりはじめると、なんと会社から男性作業員がもう1人派遣されることが決まり、女性には軽作業を担当してもらえばいいという流れに。
問題がすべて解決したおかげで仕事もスムーズになり、神経をすり減らしていたのがウソのよう。本当に最高の気分です！

一人さんからひと言

「ふわふわ」って言うと、まず自分の心が軽くなるし、明るい笑顔になる。その波動が周りに伝わると、ほかの人もつられて笑顔になります。笑顔の人が増えれば、口の悪い親方さんだって優しくなる。みんなが「ふわふわ」になるんです。

で、「ふわふわ族」が集まって仕事をすれば、仕事がスムーズになるのは当たり前だし、問題だって神的に解決するんです。

たったひと言の「ふわふわ」で、ドミノ倒しのごとくぜんぶうまくいくよ。

何度かけても通話中の電話が一発でつながった！

岐阜県・木村由季さん（50代）

コロナワクチンの接種予約が始まり、かかりつけのクリニックで予約をしようと電話をかけたのですが、何度かけてもいっこうに電話がつながりません。どうやら、クリニックには予約の電話が殺到していたようで……。

あまりにもつながらない電話にイライラし始めた時、思いつきました。

「そうだ、〝ふわふわ〟の言霊で気楽にいこう！」

こうして「ふわふわ」唱えながら電話をかけてみると、あら不思議！　いきなり電話がつながったではありませんか。さっきまでは何度かけてもダメだったのに、あの苦労はなんだったのかと思うほど、あっさり予約が取れてしまった（笑）。

私ってツイてる〜♪

一人さんからひと言

電話がつながるかどうかって、一般的にはタイミングなんだよね。混雑している回線は、相手がちょうど電話を切った瞬間にかけた人がつながるのであって、早くかけた人から順番につながるわけじゃない。

という意味では、ずっとズレまくってたタイミングが（笑）、「ふわふわ」の言葉でばっちり合ったということだろうね。龍神様が、時の流れを整えてくれたんだ。

日ごろから「ふわふわ」唱えていると、生活のいろんな場面で間が合ってくるから、運勢そのものが底上げされますよ。

亡き父の愛を思い出して幸せに包まれた夜

山口県・中田貴子さん（50代）

幼い頃に病気で父を亡くした私は、いままで、被害者意識のような暗く重い気持ちで生きてきました。父を失った悲しみや寂しさに加え、記憶に残っている父の姿は、病気のせいでいつもイライラ、ピリピリしていたからです。

そんな私の意識革命を起こしてくれたのが、「ふわふわ」の言霊でした。

ある夜のこと。眠る前に「ふわふわ」「ありがとう」とつぶやいていると……ふわ〜っと父の姿が頭のなかに浮かんできたのです。若かりし日の父が、幼い私を背中に乗せて「お馬さんごっこ」をしてくれています。

えっ、お父さんはこんな風に私と遊んでくれていたの!?

お父さん、私のことすごく愛してくれていたんだ！

私、ちっとも被害者なんかじゃない！

父の愛が大きく膨らみ、私のモヤモヤは波が引くように消えていきました。50歳も過ぎたいまになって、こんなに幸せな気持ちにさせてもらえるなんて考えもしませんでした。これは間違いなく、龍神様からのプレゼントですね！

これからは、父との大切な思い出とともに生きていけます。本当にありがとうございました。

一人さんからひと言

被害者意識や悲しさ、寂しさといった重苦しい気持ちが心の汚れとなり、お父さんとの楽しかった記憶が隠れていたんだろうね。「ふわふわ」で魂が磨かれ、素敵な記憶が出てきたのでしょう。この方の言う通り、龍神様が愛のある世界に連れて行ってくれたんだと思います。

心が軽くなってよかったですね。きっと、天国のお父さんも喜んでいるよ。

これからも、「ふわふわ」で楽しい人生を味わい尽くしてください。

食事を抜くほど忙しい日も力がみなぎってくる！

東京都・豊島健太さん（30代）

私は兼業としてまるかんの特約店をさせていただいていますが、おかげさまでひっきりなしにお客さまが来てくださり、特に週末は昼食を食べる暇もないほどの忙しさ。好きな仕事ではありますが、そういう日はさすがに疲れてしまい、仕事が終わった後はぐったりしていました。

ところが最近、一人さんが伝授してくださった「ふわふわ」の言葉を唱え始めたところ、疲労感が全然違うのです。

ただ「ふわふわ」を意識しながら過ごすだけなのに、昼食を抜くほど忙しい日でも、なぜか力がみなぎってくる。夜も、疲労で倒れこむようなことはありません。

頭もスッキリ軽くなった感覚があり、最近ではお客様へのアドバイスもスラスラ出てきます。こんなこと、以前の自分ではありえません。きっと、無理しなくても自分の力が発揮できるようになったんですね！

一人さんからひと言

心と体はつながっているから、心と体のどちらかでも元気になれば、もう一方も元気になる。というのは広く知られた話だけど、まさにそういうことだと思います。

意識が「ふわふわ」になり、それにつられて体まで軽くなったんだろうね。

心がゆるめば、頭もクリアになります。そうすれば視野も広がるだろうし、脳も活性化してひらめきやすくなる。そう考えると、お客さんへのアドバイスがスラスラ出てくるようになったのも不思議はないんじゃないかな。

ただ、あまり食事を抜くのは体に良くないので、忙しくてもパッと食べられるものを口に入れるといいですよ。そうすれば、ますます実力も発揮できるからね。

文句ばかりの母を笑顔に変えた「ふわふわ」

北海道・青山晴美さん（50代）

母がお墓参りへ連れて行って欲しいというので車で迎えに行くと、実家では父母がただならぬ雰囲気……（笑）。こうなると、いつも母は父への愚痴や文句のオンパレードですから、私はすかさず心のなかで「ふわふわ、ふわふわ」と唱えました。母を車に乗せると、ハイ出ました！　次から次へと、父の悪口が止まりません（笑）。

そこで私は、次なる手を打ちます。

「あのさ〜、最近一人さんに教えてもらった言葉なんだけど。〝ふわふわ〟って言うといいんだって。一緒に言ってみようよ！」

母も車に乗せてもらっている身ですから、断りづらかったのでしょう。しぶしぶ唱えます（笑）。でも、少しずつ母の顔が柔らかくなるのがわかりました。

ここまでくれば、あとはもう畳みかけるだけです。

「考えてみたら、じいちゃん（父）も本当は優しくて、いままでいろんなことをしてくれたよね。たまに子どもみたいなワガママを言うけど、それも可愛いじゃない」

そっと母の顔を見ると……「そうだねぇ〜」とニコッ！

この即効性、すごいです！

そもそも、母が私の言葉を素直に聞いてくれたことからして、「ふわふわ」の魔法ですよね。そして私自身も、母の重い波動に引っ張られることなく、楽しく母の心を軽くできたのは、やっぱり「ふわふわ」のおかげだと思います。

ほかにも、「ふわふわ」唱えていると直観やひらめきが冴えるおかげか、誰と一緒にいても場の空気感を素早く察知できます。ちょっとした問題が起きても動じず、冷静に対処できるようにもなりました。まさに、いいことづくめ。

これは、すごい言葉に出会ってしまいました！

一人さんからひと言

そう、「ふわふわ」って、いいことづくめのすごい言霊なんです。

ただね、この方もお母さんも、もともと愛にあふれた人なんだよ。日ごろからあまり心に汚れを溜め込めない、魂レベルの高い人だと思います。だから、こんなにすぐ変化があったんじゃないかな。

でね、もっと「ふわふわ」を極めて「ふわふわ族」になれば、喧嘩しようがどうしようが、それもレジャーみたく楽しめる家族になるよ（笑）。楽しいね。

数十個もあった子どもの水いぼが次々に消え……

東京都・岡野加奈絵さん（40代）

4歳の娘には、1年半ほど前から水いぼがあります。子どもの皮膚疾患として珍しいものではありませんが、多くの親は「特効薬がない」「なかなか治らない（あちこちにうつって増える）」といった点に頭を悩ませます。また保育園などの集団生活では、お友だちにうつしてしまうこともあるため、親としては申し訳なく思います。

最近は、数が少なければ特に治療などせず様子を見るのが主流のようですが、厄介なことに水いぼはとびひするため、全身に無数のいぼが出現することも……。娘も最初は足に1～2個あるだけでしたが、いつの間にか数十個にまで増えてしまいました。

数が増えると、一般的には特殊なピンセットでいぼをちぎり取る「摘除《てきじょ》」を検討することになりますが、もちろん治療には痛みが伴います。しかも、再発すれば繰り返し摘除が必要になるため、幼い娘にそんな苦痛を与えるのはためらってしまいます。

なんとか摘除せず治せないものか……藁にもすがる思いで、「ふわふわ」唱えながら情報収集をしました。すると、ほどなくしてネットショップで目に留まったのが、さまざまな皮膚トラブルに効くと評判のローションでした。

すぐに取り寄せ、娘のいぼに塗布してみると、これが効果てきめん！

あれほど勢いのあったいぼが、たった数日で次々と枯れ始め、2週間ほどでポロポロはがれ落ちていったのです。別の場所に新しくいぼができても、ローションをつけておくと大きくなる前にしぼんでしまいます。

まだ完治したわけではないものの、きっとこのまま治癒するという確信があるため、もう不安はありません。娘の「いぼちゃん、減ったね！」と喜ぶ顔を見るたびに、私もうれしさに胸がいっぱいになる日々です。

一人さんからひと言

子どもになにかあると、親御さんとしてはいたたまれない気持ちになるよね。

お子さんがつらい思いをする前に、いぼが改善してよかったですね。

「ふわふわ」には、問題解決につながる知恵やインスピレーションをもたらす力があります。きっと、なにかいい方法はないかというお母さんの思いが天に届き、娘さんの体質に合うアイテムを引き寄せたんだろうね。

これからも「ふわふわ」なお母さんでいることを忘れず、お子さんに愛情を注いであげてください。

不登校の息子に感謝の気持ちで向き合えた

栃木県・山菅久江さん（40代）

小学5年生の次男は、去年から不登校です。親子でぶつかることも時にはありますが、一人さんの教えにならい、できるだけ息子を肯定するように心がけています。学校へ行かないことを責めず、恐れや不安を与えないようにし、ゲームを取り上げたりもしません。いつも味方だよと伝え、笑顔で明るく、愛を出してきました。

でもやっぱり……正直言うと、不登校が長引くと心が重くなることがあって。そんな時、心の支えになってくれたのが、「ふわふわ」の言霊です。この言葉を教わってから毎日唱えていますが、そのなかで私は、自分がいかに恵まれた環境で生きてきたかを思い出しました。

母は厳しいながらも深い慈愛の人で、どんな大変な時でも私の意思を尊重してくれました。父もいつだって私を笑顔で受け入れ、肯定してくれたんですね。それに、ずいぶん甘やかしてもらいました（笑）。

おかげで私は自分を可愛がることも知っていたし、これまでの人生、したいことをして楽しく生きてきた。夫や義父母にも大切にしてもらってきましたし、恵美子社長というあこがれの女性にも出会い、ますます人生が豊かに彩られています。

そのことに気づき、感謝の気持ちでいっぱいになったのです。

自然と、次男に対しても「子どもは私が育てるのではない。私が息子に成長させてもらっているんだ」という感謝に変わっていきました。

素晴らしい言霊のおかげで心も魂も浄化され、すっかり重いものが取れた気がします。これからも軽く、明るく、直観力を磨きながら、神の道を歩んでいきます！

一人さんからひと言

学校に向いてない子は、無理に行かせることなんてないんだ。子どもは親が思うよりずっとしっかりしていて、学校に行かなくたって、ちゃんと自分の道を見つけて進むからね。

親御さんが「ふわふわ」でいれば、子どもはその姿を見て自然に「ふわふわ」になる。大当たりの人生を笑いながら生きているお母さんを見て育った子は、間違いなく大当たりの人生になるから、お母さんは安心して「ふわふわ」で大当たりの人生を歩んでください。一人さんも応援しています。

祈りの数だけ奇跡をもたらす「ふわふわ」マジック

ここまでの体験談、読んでみていかがでしたか？

残念ながらすべてをご紹介するのは難しいのですが、ほかにもまだまだ、数えきれないほどたくさんの体験談があります。

なんとか、もっとご紹介したい！
ということで、最後に「奇跡の体験談10連発」、いっちゃいますよ〜♪

①食べることが大好きでダイエットできなかった私が、「ふわふわ」で過食が止まり、久しぶりに体がスッキリ♡

②首の痛みでずっと後ろを振り向けない生活でしたが、「ふわふわ」言い始めると首のこわばりが消え、首がスムーズに動くように。もう後ろも振り返れます！

③毎日「ふわふわする〜」と唱えていたら、長年、原因不明だった体調不良の原因が解明し、病気の対処法もわかりました！

④美容院を経営しています。ただ「ふわふわ」唱えただけで予約がじゃんじゃん入るようになり、コロナ禍でも売上が増えてウキウキしています♪

⑤私は地震が苦手で、ちょっと揺れただけで逃げ出すほどの怖がりなのですが、「ふわふわ」で過剰な恐怖心が消え、冷静になれます。

⑥「ふわふわ」の言霊で仕事に対する焦りや不安が消え、心に余裕が生まれました。「こうしよう」「ああしよう」と次々と降りてくるインスピレーションのおかげで、経営しているお店に新規のお客さまが増え、豊かな気分も倍増しました！

⑦職場の同僚が、愚痴や泣き言、悪口、文句といった地獄言葉のオンパレードで、仕事へ行くのが憂鬱でした。それが「ふわふわ」唱えていると……あれ、地獄言葉が聞こえてこなくなった!? 最近では、まるで別人のように面白い話ばかりしてくれる同僚です。

⑧いままで、美容室では「頭皮が硬いですね」と言われることしかなかった私が、「ふわふわ」唱え始めると、はじめて「柔らかい頭皮ですね」と褒められました。自分で触ってみても、確かにふわふわで柔らかいのです。これも、「ふわふわ」の言霊のおかげですね♡

⑨ベランダに干していた毛布が強風にあおられ、手の届きにくいところまで飛ばされてしまいました。そこで「ふわふわ」唱えてみると、まぁ不思

議！　いとも簡単に毛布が引き寄せられました〜。

⑩ちょっとしたことですぐへそを曲げて怒り出す義父。そんな時は心のなかで「ふわふわ」唱えながら話をすると、義父の怒りもしずまり「ありがとう」の言葉や笑顔が出てくるので、義父の嫌な態度も笑ってスルーできるようになりました！

一人さんからひと言

どの体験談も、こうして文章にするとたった2〜3行のことで、大した話には思えないかもしれません。だけどね、これってすごいことだよ。人生は、こういうささやかな奇跡が肝なんです。

毎日の暮らしに小さな奇跡が積み重なると、時間が経った時に、まったく違う人生になるの。小さな奇跡がちりばめられた人生は、幸せの土台が強いんだ。

ちょっとした奇跡がひとつもないのに、大きな奇跡が起こるわけもないよ。

大きな奇跡は、小さな奇跡の集合体みたいなものだからね。
みんなも、「ふわふわ」で日常をちっちゃな奇跡で埋め尽くしな。1年後、
5年後、10年後の自分が、きっといまのあなたに感謝するよ。

おわりに

たったひと言の「ふわふわ」で、
あなたの心は龍雲のように軽くなります。

たったひと言の「ふわふわ」で、
あなたはこの世をつくった神様とつながれる。

たったひと言の「ふわふわ」が、
あなたの不安をぬぐい、心をゆるめて軽くする。
「ふわふわ」は魔法の言葉。

「ふわふわ」は愛がいっぱい詰まった、
最高に優しい、最強のエネルギーを持つ言霊。

これからは、見えない世界からの「他力」と
現実の世界の「自力」の両輪で幸せになる時代です。
あなたの個性を生かした自力と「ふわふわ」で、
心軽やかに、あなたらしい場所で輝いてくださいね。

柴村恵美子

〈著者略歴〉

斎藤一人（さいとう　ひとり）
実業家、「銀座まるかん」（日本漢方研究所）の創業者。
1993年以来、毎年、全国高額納税者番付（総合）6位以内にただ1人連続ランクインし、2003年には累計納税額で日本一になる。土地売却や株式公開などによる高額納税者が多いなか、納税額はすべて事業所得によるものという異色の存在として注目されている。
主な著書に、『斎藤一人　成功は愛が9割！』『斎藤一人　楽しんだ人だけが成功する』『「気前よく」の奇跡』『斎藤一人　人は考え方が9割！』（以上、ＰＨＰ研究所）、『斎藤一人　絶対、なんとかなる！』『斎藤一人　俺の人生』（以上、マキノ出版）、『お金の真理』（サンマーク出版）などがある。その他、多数の著書がすべてベストセラーになっている。

柴村恵美子（しばむら　えみこ）
Emiko Shibamura
銀座まるかん柴村グループ代表。納税日本一の事業家で著述家でもある斎藤一人さんの一番弟子。講演家、著述家。
18歳の時に一人さんと出会い、一人さんの肯定的かつ魅力的な考え方に共感し、一番弟子になる。全国高額納税者番付で、一人さんが1位になった時に、自身も全国86位の快挙を果たす。現在に至るまで一人さんの楽しくて豊かになる教えを自ら実践かつ普及している。
主な著書に『斎藤一人　昇り龍に乗る！』（マキノ出版）、『斎藤一人　必ず成功する例外思考』（KADOKAWA）、『斎藤一人　天が味方する「引き寄せの法則」』『斎藤一人　上気元』『斎藤一人　成功は愛が9割！』『斎藤一人　人は考え方が9割！』（以上、ＰＨＰ研究所）、『斎藤一人　天も応援する「お金を引き寄せる法則」』（ＰＨＰエディターズ・グループ）などがある。「引き寄せシリーズ」は累計40万部を突破した。

斎藤一人　ふわふわの法則

2021年8月8日　第1版第1刷発行
2022年4月27日　第1版第5刷発行

著　者　斎藤一人
　　　　柴村恵美子
発行者　小崎奈央子
発行所　株式会社けやき出版
〒190-0023　東京都立川市柴崎町3-9-6
高野ビル1階
TEL 042-525-9909 ／ FAX 042-524-7736
https://keyaki-s.co.jp
装　丁　白木春菜
編　集　古田尚子・平田美保・小坂裕子
印　刷　株式会社サンニチ印刷

ISBN978-4-87751-613-0

一人さんとお弟子さんたちの
ブログについて

斎藤一人オフィシャルブログ

https://ameblo.jp/saitou-hitori-official
一人さんが毎日あなたのために、ついてる言葉を、日替わりで載せてくれています。ぜひ、遊びにきてください。

斎藤一人公式ツイッター

https://twitter.com/O4Wr8uAizHerEWj

お弟子さんたちのブログ

舛岡はなゑさんのブログ　https://ameblo.jp/tsuki-4978/

みっちゃん先生のブログ　https://ameblo.jp/genbu-m4900/

宮本真由美さんのブログ　https://ameblo.jp/mm4900/

千葉純一さんのブログ　https://ameblo.jp/chiba4900/

宇野信行さんのブログ　https://ameblo.jp/nobuyuki4499/

尾形幸弘さんのブログ　https://ameblo.jp/mukarayu-ogata/

楽しいお知らせ

無料

ひとりさんファンなら
一生に一度はやってみたい

「八《はち》大《だい》龍《りゅう》王《おう》参り」

ハンコを10個集める楽しいお参りです。
10個集めるのに約7分でできます。

場所：ひとりさんファンクラブ
東京都葛飾区新小岩1-54-5
（JR新小岩駅南口アーケード街徒歩3分）

電話：03-3654-4949
年中無休（朝10時～夜7時）

無料

金運祈願
恋愛祈願
就職祈願
合格祈願
健康祈願
商売繁盛

「楽しい九字切り」は各地のまるかんの
お店でも、無料で教えてくれますよ。

特別付録

いいことを引き寄せる
ふわふわ龍の引き寄せカード

切り取って部屋に飾ったりカバンに入れて持ち歩いたり、ご自由にお使いください。

線に沿って丁寧に切り取ってください

作成：菅井直美さん（点描家）